编委会

梦想启航
——大学生军训感悟

主　编：刘　颖
副主编：陈建城
王淑一
陈立奇

暨南大學出版社
JINAN UNIVERSITY PRESS
中国·广州

图书在版编目（CIP）数据

梦想启航：大学生军训感悟／刘颖主编；陈建城，王淑一，陈立奇副主编. —广州：暨南大学出版社，2014.6

ISBN 978-7-5668-0997-1

Ⅰ.①梦… Ⅱ.①刘…②陈…③王…④陈… Ⅲ.①大学生—军训—中国—文集 Ⅳ.①G641.8-53

中国版本图书馆CIP数据核字（2014）第081242号

出版发行：暨南大学出版社

地　址：中国广州暨南大学
电　话：总编室（8620）85221601
营销部（8620）85225284　85228291　85228292（邮购）
传　真：（8620）85221583（办公室）　85223774（营销部）
邮　编：510630
网　址：http：//www.jnupress.com　http：//press.jnu.edu.cn

排　版：广州良弓广告有限公司
印　刷：湛江日报社印刷厂

开　本：787mm×960mm　1/16
印　张：11.5
彩　插：4
字　数：158千
版　次：2014年6月第1版
印　次：2014年6月第1次

定　价：28.00元

军训掠影（一）

军训掠影（二）

军训掠影（三）

军训掠影（四）

前言

军训有利于学生树立共产主义信念和正确的世界观、人生观、价值观；有利于学生培养爱国主义、集体主义精神；有利于学生学习军事高科技知识，增强国防观念，开阔视野，改善知识结构，活跃思维方式；有利于学生磨炼意志品质，培养艰苦奋斗、吃苦耐劳的作风，增强战胜困难的信心和勇气；有利于学生提高组织性、纪律性，增强身体素质，从而为将来建设祖国、保卫祖国打下坚实的基础。

深圳信息职业技术学院一贯重视学生军训工作，积极探求如何使军营教育的作用最大化，进而在教育教学层面上对军训后期学生的学习和生活产生良性影响。几年实践下来，我们收获了不少心得体会。编写一部以当代大学生军训感悟为题材的读本是我们潜藏内心多年的一个愿望。虽然现今资讯网络发达，可以通过很多途径搜集到这类素材，但我们必须承认，这样搜集到的内容缺乏一个相对完整、集中的主题。《梦想启航——大学生军训感悟》可以说填补了国内关于大学生军训感悟类型书籍的一个空白，可谓是意外的收获。这也是本书以此命名的寓意之一。

同时，我校致力于军训改革创新工作。2013 年军训期间，我们与时俱进，在军营中全面开展中国梦宣传教育系列活动，在宣传中教育，在教育中宣传，帮助同学们将强军梦、教育梦、成才梦、个人梦融入“中国梦”，发奋学习，砥砺品格，磨炼意志，增长才干，努力在实现中国梦的实践中放飞青春梦想，取得预期成效。我们寄望让更多的大学生重温军营生活，在指导未来人生的同时，还能更长久地延续军营激情，使更多人感受到军营的魅力。

军训是当代大学生入校后熟悉又印象深刻的字眼。“军训一阵子，受益一辈子”，可以说短暂的军营生活将对他们今后的人生道路、价值理念、思想品格养成产生至关重要的影响。对广大参训学生而言，这也是他们历经磨砺、升华自我之后孕育梦想、飞越升华、希冀腾飞的新起点。我们坚信，他们是祖国未来的中坚力量，是中国梦的筑梦一代！因为，这里就是梦开始的地方！本书就是他们梦想启航的佐证！

本着求真务实、尊重原作的精神，我们在编辑过程中对作品基本未予以润饰，尽量保持原作真实的情态和风貌。同时，由于水平有限、经验不足及时间比较仓促，本书确实存在诸多不足。我们由衷地希望收到读者的诚挚批评，进而不断提高改进，编辑出更优秀的作品专辑。此外，本书在编辑过程中得到了相关人士的大力支持，特别是深圳国防教育训练基地的同志们给予我们长期的、专业的、无私的帮助，谨向他们致以最诚挚的谢忱！

编　者

2014 年 3 月

目 录

军训，梦想腾飞

机电工程学院　林　达

同一片蓝天下，不同的我们拥有共同的梦想，行动起来，让你我梦想飞扬。

——题记

“乘风破浪会有时，直挂云帆济沧海。”蓦然回首，在不知不觉中我们已经匆匆地走过十几个春秋。在充满坎坷与挫折的追梦道路上，我们仍然不知疲倦地在拼搏，在努力。因为我们的梦想，我们不曾停下追逐的脚步；因为我们的奋斗，我们终将到达胜利的彼岸。阳光总在风雨后，让风雨洗净你我身上的凡尘，让阳光沐浴我们的追梦之路，让青春的梦想在这一刻启航！

生活的考验无处不在，然而在大学生活中的军训，无疑将是我人生中的又一次考验。枯燥乏味的军营生活既让我感到痛苦，同时又让我读懂了军人的快乐，使我的人生迈进一个新的阶段。或许这就是我生命中的一个转折点，一个值得我永远铭记的人生转折点。在这里，让我们怀着梦想，腾飞！

军训，对于我们来说是一种考验，更是一种磨炼。体验苦中的乐趣，是我们走向成熟的一个关键环节。通过十四天的军训生活，我们要学会用另一种角度看待困难，换一种思维来思考学习。我们在站军姿中体验坚持的快乐，在踢正步中体验标准的快乐，在喊口号中体验团结与激情的快乐，在向左向右转中体验旋转的快乐……

我曾经天真地认为军训只不过是另一种消耗时间的游戏，直到最后我才发现自己错了，而且错得很离谱。它不是在耗时间，而是让你在态度、生活、角度上转变，适应另一种新的环境。如今的我们正值青春年华，难免会有许多的迷惘与徘徊，常误把人生当成一场游戏或者一场梦。时间终止时，一切都会烟消云散，恢复到原来的样子，这样的想法是消极且不健康的。在这关键时刻，军训出现了，它让我明白人生不是一场游戏，更不是一场梦。当我们明确前方的目标，以饱满的热情昂扬前进，努力拼搏，那么，即使在恶劣环境下也能最终获取成功。从迷惘中脱身，前途变得明朗、光明而不是混沌、暗淡，生活也就过得轰轰烈烈，而不是浑浑噩噩，我相信这样快乐的生活将为我一直延续。

军训的生活有泪水，有委屈，但不能沮丧；有失落，有彷徨，但不能绝望。我感谢军训，是军训教会了我吃苦耐劳，也给予我精神的支持，让我顽强拼搏，让我懂得了人生的真正意义，也让我有了更丰盈的梦想。这将是我一辈子都难以忘记的经历。

这一份优厚的礼物，我会永远铭记，因为有了它的存在，我的明天会更好！

（指导老师 /胡群香）

歌中的梦　梦中的歌

财经学院　植小连

军训的过程如同一个百味瓶在摇动，酸甜苦辣样样俱全，成就了我们精彩的军训生活。其中，唱歌是甜的一部分，更是精彩的军训生活中一抹亮丽的色彩。歌声不仅仅让我们轻松快乐，同时也表达了我们的梦，中国的梦。

“团结就是力量，团结就是力量，这力量是铁，这力量是钢……”这是我们再熟悉不过的军歌《团结就是力量》。军训期间，这首歌是我们在开饭前、集合时都必须要唱的，可谓深入骨髓了。是的，团结就是力量，团结才会胜利。俗话说，一朵孤芳自赏的花只是美丽，一片相互依偎着而怒放的鲜花才会璀璨夺目。我们国家是社会主义国家，我们有共同的理想，共同的梦。如果我们团结一心，把全党和全国各族人民的智慧与力量凝聚起来，那么不管遇到什么困难，我们都能够战而胜之。同欲者胜，民齐者强，只要我们齐心协力，团结一心，共同投身到实现中国梦的奋斗中去，那么我们的中国梦必然会提前实现！

“五星红旗迎风飘扬，胜利歌声多么响亮……越过高山，越过平原，跨过奔腾的黄河长江……”这是激动人心的《歌唱祖国》。中国现在发展起来了，富强起来了；然而，这成功，这辉煌是我们革命前辈一步步奋斗获得的啊！1921 年中国共产党诞生，中国共产党人开始走上探索革命的道路。从农村包围城市夺取政权到建立人民民主专政的新中国再到今天的建设全面小康社会，在这期间，我们的前辈还进行了万里长征、抗日战争、解放战争等等。这里头有多少先烈为了国家，为了人民而前仆后继直至牺牲生命啊！今天，我们不用上战场了，但我们应以前辈为榜样，积极为国家为人民做贡献，为中国梦的实现贡献出自己的力量！

“妈妈你不要牵挂，孩儿我已经长大，站岗值勤是保卫国家，风吹雨打都不怕……”这是牵动无数战士内心的《军中绿花》。唐朝诗人孟郊的《游子吟》中说：“临行密密缝，意恐迟迟归。谁言寸草心，报得三春晖。”母爱是伟大的，是难以报答的。现在，我们离开母亲到外地求学，在家的老母却是日夜惦记着我们，电话里依然是唠叨个不停。我们要多点关心我们的母亲，懂得去感恩，去报答。当然，温暖的家也是国家给我们的，所以我们同样要感谢祖国，报效祖国母亲。

今天的中国虽说国富民安，但实际上我们面临的国际形势相当严峻。国际政治新格局尚未确立，美国的霸权主义和强权政治欲盖弥彰，钓鱼岛主权被侵犯……我们是国家的新青年，是国家的新希望，我们有责任去保卫我们的祖国。现在，军训可以增强我们体魄，磨炼我们的意志，是在为国家做贡献准备条件。我们一定要好好军训！

“你在倾听，我在倾听，一个声音在历史穿行……中国梦啊，强国梦，中国梦啊，富民梦……”这是我们新时代新征程的《中国梦》。梦想的实现要付诸行动，要我们团结一起，要我们去奉献自己，要从身边小事做起。同胞们，一起行动起来吧，去实现我们的中国之梦，强军之梦，教育之梦，成长之梦！

军训继续，歌声依然；歌中的梦，梦中的歌……

（指导老师／柳凝）

阳光下，向梦想出发

软件学院　余逸夫

人的一生如此漫长，几许忧愁，几许惆怅。在这条路上，酸甜苦辣五味俱全。或许我们会失去很多，错过很多，但只要我们用心去把握、去发现，便会有着不一样的精彩。身边许多美好的事物犹如阳光般温暖，为了收集我心中的“暖阳”，我决定背上行囊，踏上这条寻找之路……

在军营里，有一首歌叫《团结就是力量》，这首歌的每一字每一句与它的旋律都深深地印在我的心中，让我不禁想起当代的中国不正是需要我们大家团结起来吗？这首鼓舞人心的歌曲在我们军训时每日都要反复唱好几遍。我坚信，若我们国家的人民都团结起来，我们一定会成为最强最棒的国家！这是我收集的第一缕阳光，它的名字叫“团结”，我悄悄地把它放进了我的背包里。

曾记得，在校园里散步之时，见到一名同学不慎摔倒，他的许多东西也散落在地，附近看到的同学几乎都跑过来帮忙。这一刻，我想到的是当今中国，如此多的“小悦悦”事件，导致好心人越来越少。然而我心中的那个中国梦并不是这样的，我希望看到大家都可以友爱互助。在看见眼前的这一幕时，我的心顿时被感动了，我相信，好心人依旧很多，这是我收集的第二缕阳光，它的名字叫“友爱”，再一次，我悄悄地把它放进了我的背包里。

当前，中国有一件非常重要的事情，也可以说是燃眉之急，那就是——杜绝浪费。据资料统计，中国每年浪费的粮食就有 800 万吨，价值人民币2000亿元，相当于2亿人一年的口粮，这些数据是多么的庞大与可怕。在军营里，教官就一直教导我们不能铺张浪费，一定要勤俭节约。例如我们每一次打饭的时候，教官总会语重心长地说："记得吃多少打多少，别打多，不够再加。"这句话一直回荡在我的脑海里。我在想，若是有一天，我们大家都可以像在军营里一样，做到厉行节约，不浪费，那我们就能更高效地利用资源，国家就会更快地强大起来。这是我收集的第三缕阳光，它的名字叫"节约"，我又悄悄地把它放入了我的背包里。

灼热的阳光温暖着我们的心灵，这条寻找之路令我谨记于心，我心灵最深处的中国梦便是"团结友爱、勤俭节约"，我把这三缕阳光深深埋藏在脑海里。我坚信，中国梦将不会只是梦，而是会成为现实。因为只要心中有信念，梦想就一定会实现！

（指导老师／赖旭珊）

在军训中放飞中国梦

应用外语学院　覃健娣

军训是我们每个同学人生中的一段难忘回忆，虽然短暂，却很精彩。细细回味，那一个个画面清晰地涌现在眼前；深入感悟，让我懂得，我们是新中国筑梦的一代。军营，是我们梦开始的地方，我们在军训中放飞梦想。

我们原来生活在父母的羽翼呵护之下，犹如温室里的花朵，过着衣来伸手、饭来张口的日子。但是，军训中我们没有软弱，牢记军纪如铁、意志如钢的誓言。听，那震耳欲聋的口号声喊出了我们的激情，喊出了我们的决心，喊出了我们的梦——为实现中华民族的伟大复兴而奋斗！习近平总书记说：这个梦想，凝聚了几代中国人的夙愿，体现了中华民族和中国人民的整体利益，是每一个中华儿女的共同期盼，所以说我们每一个人都有一个“中国梦”。

军训中，我们没有懈怠，尽管汗水已湿透衣衫；我们没有放弃，虽然脚跟早已传来阵阵刺痛；我们没有低头，即使汗水浸泡着伤口；我们没有懦弱，依然坚持努力站好军姿。因为我们相信“坚持就是胜利”。在阅兵式上，我们的坚持与努力演绎出一幅最美的画卷。那一刻，我仿佛看见，一条巨龙终于在天空中腾飞。我还明白，我们的梦，就是中国梦；中国梦，就是我们的梦。

学校在我们的军训中开展中国梦系列教育活动。通过这些活动，我懂得了，为了实现中国梦，为了梦中的中国成为现实，我们每个大学生都要付出努力，都要有理想与追求，都要承担起实现中华民族伟大复兴的重任。记得女宇航员刘洋曾说过，梦想有多远，探索的足迹就有多远。祖国军事力量日益强大，科学技术发展更是日新月异。祖国的明天，正需要我们这一代人的努力，需要我们这一代人携手共创辉煌。

在军训中，因为同学们的团结，阅兵式才能够圆满完成，歌咏比赛才能唱出嘹亮的歌声。正所谓“不积小流，无以成江海”。只有千千万万个中国人梦想的实现，才能铸成中国梦的实现。中国人面对地震灾难时，面对汹涌洪水时，面对领土挑衅时，面对经济危机时，都无所畏惧、勇往直前、共渡难关，因为中国梦的实现需要大家的团结和共同努力。

梦想是石，敲出星星之火；梦想是火，点燃希望的灯；梦想是灯，照亮夜行的路；梦想是路，引你走向黎明。千千万万的中国人都有自己的梦，每一个人都在为自己的梦而奋斗，那就是在为中国梦而奋斗。所以，我在军训中放飞我的中国梦，我要为实现这个梦想奋力前行。

（指导老师 /吴金蕊）

我的梦·军绿色的梦

财经学院　许惠琳

在军营里，我做了一个军绿色的梦，它让我精神振奋，回味无穷。

每个人从小都有梦想、理想，有人说梦想是永远实现不了的羞涩的梦，是人们对于美好事物的一种憧憬和渴望，是不切实际的；但我认为，梦想是人们最天真、最无邪、最美丽、最可爱的愿望。而理想则是更理性的梦想，是潜藏于心的前进动力之源。对于生活，我充满梦想，充满渴望——渴望披上军绿色，遨游在梦的海洋。

小时候心里有个梦想，梦想能穿上那绿色军装，喊着激动人心的口号。特别是在电视上看到军人手握钢枪雄赳赳的模样，齐步走时喊着“一二一”的英姿，看到他们如火如荼地感受着摸爬滚打生活的锤炼，我对这一切真是无比向往！

如今，在军营里，我穿上了绿军装，在深圳国防基地，绚烂的迷彩服穿在身上就像把荣耀都扛在了肩膀上。“宝剑锋从磨砺出，梅花香自苦寒来。”在军训中，我们都心怀锻炼自己、提高自身素质的理念在训练。令我感受最深的除了苦累，还有同学们之间暖暖的爱以及教官的诲人不倦。对于我这种从未真正经历过磨难的“雏鹰”来说，军营，确实是极好的锻炼，它让我真切地感受到了军队“铁一般的作风”，实在令我们为之震撼，梦想仿佛一个个绿色的种子，在我们的心中扎根。这就是我的梦——中国梦。

我的梦，中国梦。“大学之道，在明明德”，四书之厚，承载着我们伟大祖国上下五千年的文明演绎，这是我们大家共有的中国之梦。

我们就像每天八九点的太阳，在训练场上，激情满怀地喊着口号。在这里，我们听从教官的命令，凝聚每一分力量。“我们是九班，我们是一个集体”“九班九班，非同一般，绿装红颜，勇往直前”，多么青春阳光、激动人心的口号！这就是我们九班的明信片，代表着我们内心的呐喊。我们明白，从现在开始，我们年轻的肩膀承载起一分分厚重的责任。我们是花的雨季，是生命中鲜花怒放的夏天，多么美丽却又满怀豪情，在这军训的十四天里，我们脱胎换骨，尽情绽放火一样的花朵。这是人生的一次历练，不锻炼我们就会落后于别人。我们敢于与太阳正面对抗，毫无畏惧之心，因为，我们每一个人都有一个梦，军营的梦，强军的梦，强国的梦，中国的梦！

“少年强，则国强”，我们来到这里军训，就应该认真地做好每个动作，展现积极的人生的态度，不能软弱或退缩。军训中，每个人时刻谨记“严格训练，严格要求，提高警惕，保卫祖国”的十六字警句，它们已深深烙印在我的脑海里。中国梦就是我内心的信仰，军训的规则就是一切服从命令，把一切做到最好，这个观念也镌刻在我心上。

我知道，人们在每个时期都有每个时期的梦，它会不断发展和完善。青春的梦，教育的梦，成才的梦，这些梦不是一成不变的，是随着人们的思想观念改变而改变的；但它们又是辩证统一的。个人利益与国家民族利益紧密相连，凝聚十三亿中国人的力量，中国梦就会实现。军训的大力量就是凝聚了同学们的每一份微小的力量，最后汇聚成一股惊人强大的力量，我相信这分力量又会传递给我们每一个人，让我们有勇气和毅力去不断实现自己内心的梦想。

在军营里，我做了一个军绿色的梦。

（指导老师／黄桂玲）

我说中国梦

电子与通信学院　吴秀琴

众所周知，中国梦的本质内涵是：实现国家富强，民族复兴，人民幸福，社会和谐。那么，中国梦与军训又有什么联系呢?

相信大家都很难将中国梦与军训联系在一起。的确，当我们看到中国梦这个名词的时候，我们所想的是我们每一个人青春飞扬的拼搏精神，每个人心中美丽的梦。作为大学生的我们，年轻是我们奋斗的资本，我们似乎有永远都用不完的激情。然而，年轻既是我们追求梦想，实现强国的资本，却也是我们容易冲动、自傲的原因。因为这些傲气，我们不能做到心平气和地接受失败，不能持之以恒地坚持我们的梦想。

所以，军训对于我们这些浮躁、稚嫩的大学生来说尤其重要。对于大多数人而言，军训是一段痛并快乐着的时光。有句诗说得好，“梅花香自苦寒来”。生活是不可能一帆风顺的，当我们身处逆境的时候必须自己找到突破口，奔向光明的未来。军训，让我们体会到了苦与乐，得与失。从最初的抵触到逐渐接受，再到最后舍不得那些逝去的时光，彰显出我们心理上的不断成熟。

回想起刚刚过去没多久的军训，作为大学生的我们，在初入军营的时候依旧不知天高地厚，不理会组织纪律。所以，开始的几天，我们没少挨过教官的批评，没少受过惩罚。之后的几天，我们才知道规则、纪律是必须得遵守的。正式训练的时候，我们不仅要站军姿，还要练习齐步走，正步走；而且，更要坚决服从指挥，严格遵守纪律。

站军姿真是让人很痛苦的事情，不仅要接受太阳“热情”的洗礼，还要接受寒风的侵袭。女孩子们都没什么所谓美的存在了，存在的只有我们默默地坚持着的坚定的表情！因为站军姿实在是需要很大的耐力与毅力。至于踢正步，这就要靠大家的团结一致了。因为要做到动作整齐、统一其实挺不容易的。即使我们每一排的身高都不一样，我们踢起来的脚的高度还是要达到一致。所以，每人自觉地对齐排头并保持队伍整齐是非常重要的。只有大家团结一致，我们才能够按时完成我们的训练科目。不过，说来简单，但事实上走正步就折腾了我们好几天。我们不是脚踢得有高有低就是身子歪歪斜斜，实在是连我们自己都看不过去啊，所以，教官愤怒了，狠狠地给我们提高了训练强度。回想起来，那几天连休息都是一件奢侈的事，只有听到休息的哨声才能让绷紧神经的我们暂时放松。还好，最后我们终究是“吃得苦中苦”，顺利通过考核，真是不容易啊。

虽然艰苦的训练对于我们而言是痛苦的，但是，在中途休息的时间里我们总是能很愉快地度过。这期间我还认识了不少新的朋友呢！她们都是性格开朗的女生，在休息的时候爱哼哼小曲，搞搞怪，为我们沉闷的军训增添了不少欢乐。为了鼓励彼此与共同进步，我们在训练的时候也会帮助彼此纠正错误。

军训，让我知道了什么叫真正的吃苦，什么叫真正的坚持，什么叫不到最后永不言败。这些宝贵的精神都是我们所需要的，要实现中国梦，我们就不能缺少这些优良的品质。让我们传承这些优良的品质并在今后的学习生活中努力去实现我们幸福、和谐、富强的中国梦吧！

（指导老师/邓俊达）

梦从军营启航

电子与通信学院　叶功德

“军号嘹亮步伐整齐，人民军队有铁的纪律……”这首军歌是在我大学军训时学会的，是我难忘的军训记忆之一。

军训以前，我曾在网络空间上看到不少同学对军训生活的抱怨，他们说讨厌军训，因为军训生活是一段很折磨人的时光，觉得军训没有太大的意义，我对此不以为然。当我领到并穿上那套绿军装时，我感受到浑身充满了力量，一股强大的正能量。我知道，在军训生活中，我可能会吃很多的苦，要接受那严格且高强度的训练，但是，我更清楚，我已经准备好了！

当我们到达深圳市国防训练基地后，我发现这里的教官真是严格，我们做任何事都必须小心翼翼。军训项目中，最累和最能磨炼人的要数站军姿和踢正步了。站军姿通常是一动不动地站半小时以上，全身还必须保持笔直、绷紧的状态。当站到脚掌发麻，感觉快坚持不住的时候，我总会不断地提醒自己，我是男子汉，我绝对不能倒下，不能退缩。为了保持军姿，我只能通过调节呼吸来平衡自己僵硬的身体，坚持着、忍耐着。踢正步的要求最严格，“踢腿要快，收腿要快，踢腿要高，脚尖下压”是踢好正步的要诀。如果队伍没有踢好，就得来回一遍一遍地练，一人出错，全班也必须无条件地接受体能“奖励”。虽然有时候我们被“奖励”后会有所抱怨，但一次次的“奖励”让我们个人的意志品质都有了明显的提升，整个队伍也变得更团结了，队友不会做或做不好，我们大家就相互勉励、帮助，相互学习、指正。我想这或许就是军训的意义之一吧！

军训，我经受住了它的考验和锻炼，它虽然对肉体来说或许是苦，但在精神和思想上却是甜的，它磨炼了我的意志，使我更快成熟。我们是国家发展的希望，是实现中华民族伟大复兴的重要力量，是中国梦的筑梦一代。我们是国家的主人，我们有权利有义务参加军训。通过军训，我们可以深刻地学习和感受爱国主义精神，为保卫国家，为实现伟大的中国梦而锻炼强健的体魄。

年轻的大学生拥有青春，拥有文化、道德、纪律，都怀揣着心中的理想，我想，从那绿色军营启航，我们的未来，会有不一样的精彩！

（指导老师／曹美多）

我的中国梦

电子与通信学院　陈文生

梦想犹如天上的星星，我们犹如水手，虽不能到达天上，但是我们的航程可凭它指引。

——题记

挑战自我，登上舞台，那是刘伟的中国梦；勇于跨越，奔向奥运，那是刘翔的中国梦；严格要求，保卫祖国，那是我在军营里的中国梦。

严格训练，坚定我们的信念。作家丁玲说："人，只要有一种信念，有所追求，什么艰苦都能忍受，什么环境都能适应。"在这次军训中，教官对我们的训练很严格，不再像高中军训那样仅仅教我们一些基本动作，而是思想与体能并行，让我们从精神到躯体都感到充实，感受到军人的气魄，感受到祖国的强大。例如，别的班站军姿才 20 分钟，我们班就要 30 分钟，每次当我看到别的班在休息时，我的心不禁生起一丝羡慕之情，但很快就被我的信念所消灭，因为我知道，我有我的中国梦，我要坚持下去。只有坚持，我的梦想才不会就此止步，我的梦想才可以继续前进。这站军姿就好比是我的逐梦之路，虽然漫长而艰辛，但只要有信念，梦想就不再是梦与想，而将变成事实。

只有严格要求自我，才能提升自己的能力。在这次军训中，我们对自己的要求很严格，即使我们都知道学踢正步走对于日后并无多大意义，但还是尽心地去学，去踢好正步。踢正步时，我要压脚尖，还要单脚站稳，虽然很痛苦，但是我从不偷懒。即使再难保持平衡，每踢一步，也都努力压脚尖，因为我深知“苦心人天不负，卧薪尝胆，三千越甲可吞吴”，并用“天将降大任于斯人也，必先苦其心志，劳其筋骨，饿其体肤，空乏其身，行拂乱其所为”来激励自己。这也是我们做人的基本道理，做一件事，要么不做，要做就要用心去做，做到最好。最后，我从一个踢正步的菜鸟变成一个踢正步的标兵。所以说，严格要求，提升自我，是我们前进的基础，是我们实现中国梦的重要保障，也是成长道路中不可缺少的条件。

“提高警惕，保卫祖国”。没有谁的一生是一帆风顺的，我们必须在春风得意时保持警醒，这样才不会从高峰上摔下来。即使我们做不到“先天下之忧而忧，后天下之乐而乐”，我们也必须做到时刻提高警惕，保卫祖国。就像这次军训，教官下达立正的命令，还是有人在“开小差”，结果全部被罚；生活也是这样，所以我们要时时刻刻准备着，为祖国的发展做出自己的贡献。

“严格训练，严格要求，提高警惕”，只有这样才能实现我的中国梦——保卫祖国。因为现在所做的一切都是为梦想编织翅膀，让梦想在我们最美的年华中展翅高飞。

（指导老师/曹美多）

我的中国梦，我的军训

交通与环境学院　林罗锋

从小到大，我所经历的事如天上的繁星一样多，而在我步入大学的这片天空中，那里镶嵌着最耀眼的一颗。

十四天的军训已经落幕，但留给我的思考却在心中久久回味。在训练中最让我记忆犹新的便是我们一遍又一遍地练队列的过程了。

太阳公公刚刚起床，我们就伴着急促的哨声，睁开朦胧的睡眼，万般不舍地离开了温馨的小床，匆匆忙忙地去集合。当我们穿好“英俊潇洒的战袍”，也就意味着一天魔鬼式的训练开始了。

队列训练是每天的必修课。瞧，一个身材魁梧的教官正昂首阔步地向我们走来，本期待他是位十分和蔼的教官，可事与愿违。只见他的手中竟拿着一根皮带，看来是要狠狠地收拾我们呀！“快，站好，不然怎么训练！”教官大吼道。可中间有两名同学仍不以为然地乱动，教官严厉斥，眼里迸发出威严无比的目光，“立刻给我站出来！我非收拾你们不可！”说完就高举皮带向两人的屁股抽打过去，听着同伴们痛苦的嚎叫，我们那可真是“见不贤而内自省也”！教官这个小小的下马威可是起到了很大的威慑作用呀！

经过这一次，我们对教官有了几分惧怕，之后的齐步走训练也就认真了起来。“齐步走！”随着一声令下，我们一边走一边高喊口号，起初“唰、唰、唰”的脚步声萦绕耳边，不一会儿脚步声就“放起了鞭炮”，手臂动作也不规范，教官怒吼道：“你们的手臂难道是假肢吗？”当时每一个人都不服气，我心想：切，你走一个，还不一定有我们好呢。教官似乎看透了我们的心思，严肃地说："看着，我给你们做下示范。"说着他挺直了身躯，先做好立正姿势，随后一声洪亮的"齐步——走"，只见他的手臂与脚同时到位，那姿势真不亚于"国旗班"的战士，教官一连串干练的动作折服了我们，于是我们开始认真听、专心练。接着教官一个个检查，一个个纠正，一次次大喊……不知过了多久，教官的嗓音不亮了，没有人知道他正忍着疼痛、忍着干渴在呼喊，他的额头上渗出许多汗珠，那是为我们付出的呀！还有当教官为我们整理内务时，又有谁读懂了他那颗慈爱的心！千千万万的瞬间，我们对教官多的是责备少的是关怀，可他心里的情感却是"恨铁不成钢"。在这里我要真诚地对教官说："您辛苦了！我们的好榜样！"

部队的生活是乏味的，但也是锻炼人的。正所谓"只有钢铁般的纪律，才有钢铁般的意志、钢铁般的队伍"！中国有梦，那是强国梦。少年强，则国强！这个梦难道不应该由我们去实现吗？相信这次军训，训出的不仅是强健的体魄，坚强的意志和一颗颗赤诚的爱国之心，更训出了报效祖国的雄心壮志及一个宏伟蓝图——中国梦！同学们，让我们为实现这个中国梦而努力奋斗吧！

（指导老师/潘正钦）

实现中国梦，从我做起

机电工程学院　陈怡敏

齐心的蚂蚁吃角鹿，合心的喜鹊捉老虎。

——题记

“一——二——三——四”，伴随着嘹亮的口号和整齐的步伐，我在深圳市国防教育基地里经历了一次心灵的洗礼，一次心灵的成长，一段痛并快乐着的军训生活。

每天清晨，当我们还在被窝里做着美梦的时候，军营的哨声就开始响起，我们不得不从梦里抽身，以最快的速度洗漱完毕到训练场集合。

在炎炎的烈日下，我们学习站军姿、原地踏步、齐步走、跨步；我们跑步、做俯卧撑、做深蹲。尽管汗水把整件军服都浸透了，但在还没听到教官停止的哨声前，我们还要继续训练。

在这短短的十四天里，我亲身体验了“军队”的生活，深刻体会到团结的力量，认识到作为一名士兵的艰苦。教官几乎每天都会讲一句话：“合理的是训练，不合理的是磨炼”。在他们身上有太多太多的闪光点值得我们去学习，在他们那挺拔的身躯里我看见了顽强的意志、坚定的毅力和一颗强大的内心。对于他们我只有深深的敬佩。原来，军训不单是为了训练我们的体能，更多的是为了锤炼我们的意志。

除了日常的训练以外，我们还开展了国防知识讲座和“中国梦—军训”的演讲比赛，了解了一些国防知识以及当前的国际形势。从那时起，“中国梦”这个词就深深地印在了我的心里。

在我看来，“中国梦”是当前中国人最关心的的话题了，我们每一个人都有自己的理解。实现它，这就要求全国各族人民坚定不移地沿着正确的道路奋勇前进。“中国梦”绝不仅仅是一个梦，不仅仅是一个符号，而是指引我们前进的“灯塔”，是我们实现中华民族伟大复兴的精神凝聚力。

中国梦是属于大家的，特别是我们青年一代的。想要将中国梦的伟大梦想化为美好的现实，这需要全国人民的共同努力。作为大学生，我们是国家的栋梁，是祖国的花朵，更应该为中国梦而奋斗。让我们行动起来吧！努力学习，全面提升自身素质和综合能力，为中国梦贡献出自己的一分力量！

（指导老师／胡群香）

少年梦，中国梦

商务管理学院　翁梦青

无论哪个时代，都需要梦想来开拓；无论哪块土地，都需要劳动者来灌溉。少年，因为有梦想，才会奋发向上；国家，因为有梦想，才会自强不息！

深圳，这片能让梦想的种子发芽的土地，吸引了无数劳动者蜂拥而至，三十年前改革开放的总设计师邓小平在改革蓝图上的几笔泼墨，造就了深圳的迅速崛起，“深圳速度”令世界为之震撼。如今，这块神奇的土地，处处闪耀着掘金者的梦想；夜晚，霓虹灯闪，照耀着的是奋斗者的踌躇满志。纸醉金迷，灯红酒绿，却无法阻止前进者的步伐，尤其是年轻的一代，他们始终坚持着最初的梦想——少年梦！

那一个个沉淀在他们热血中激情的梦想，在阳光下熠熠生辉。看吧，在国防教育基地那些一个个在烈日下傲然挺立着的倔强身影，他们正接受教官严格的训练。“稍息，立正，齐步走”，一声声哨音下，他们服从命令做出各种动作，也许，他们迈出的步子不是最齐的，摆出的动作不是最规范正确的；但是没有一个人能否定他们的努力，那是他们对梦想成真的追求。

周恩来总理从小就立下“为中华之崛起而读书”的志向，那么，我们又该如何做呢？或许，短短的十四天军训无法决定什么，但我们依旧认真对待每一天，学会总结，学会珍惜。古人云：“天将降大任于斯人也，必先苦其心志，劳其筋骨，饿其体肤，空乏其身。”这十四天，毫无疑问就是对我们身心的一个磨砺，让我们学会吃苦，学会勤劳，学会坚持，坚持自己选的路。当告别那短暂的十四天，我们华丽地回归自己的校园，也更有信心去坚持自己最初的少年梦，那一个个别样的梦，是对青春年华最好的诠释。

中国梦，即实现民族的伟大复兴，就是中华民族近代以来最伟大的梦想。它把国家民族和个人作为一个命运的共同体，把国家利益、民族利益以及个人的具体利益都紧紧地联系在一起。然而，中国梦的实现需要全体人民的支持，那我们能漠然置之吗？毫无疑问，不能！“彼而漠然置之，犹可言也，我而漠然置之，不可言也。使举国之少年而果为少年也，则吾中国为未来之国，其进步未可量也；使举国之少年而亦为老大也，则吾中国为过去之国，其澌亡可翘足而待也。”吾今日之国，有领土纷争之外患，有“台独”之内忧。吾辈之少年，为少年之梦，为中国之梦，应让风浴吾之体，让雨浴吾之身，烈风骤雨浴吾之魂，披荆斩棘，奋发图强。

苏格拉底说：“世界上最快乐的事，莫过于为理想而奋斗！”同学们，奋起吧，像那展翅的大鹏，追逐九天的理想！为了我们的少年梦，为了大家的中国梦，实现中华民族伟大复兴，少年强，则中国强，指点江山，必是今朝！

（指导老师/ 朱龙凯）

中国梦·军旅情

软件学院　郭水冰

“少年强则国强，少年智则国智，少年梦则是中国的希望。”21世纪的青少年应该胸怀振兴中华的梦想。

在军训期间，我们对国家的军事和国防都有了更深刻的理解。我注视着飘扬的五星红旗，被这鲜亮的红色深深吸引，忘却了早起的困意、军训的疲倦，五星红旗是永远的骄傲。我们在五星红旗下训练与流汗，一声“立正”命令下，我们笔直地站着军姿，昂首挺胸，拥有着军人的气势，耳边回响着“严格训练，严格要求，提高警惕，保卫祖国”的军训口令。

在几次的军训讲座中，我知道了军人的任务与责任是艰巨的，但作为军人，就不能屈服于压力之下，而应更加坚强。为了实现中国梦，为了创造让全国人民拥有更加美好生活的和平环境，需要坚韧不拔的精神，需要众志成城的力量，需要我们每一个人的艰苦努力。军训让我们团结到一起，增强了我们的意志，锻炼了我们的身体，让我们对中国梦有了更深的认识。当今社会，我们要把对中国梦的追求转化为做好每一项工作的动力，必须继续谦虚谨慎，不能有丝毫自满，更不能有所懈怠；必须脚踏实地，勇往直前，继续把中国特色社会主义事业推向前进，继续为实现中华民族伟大复兴的中国梦而努力奋斗。

在这次军训中，我遇到许多挫折，有过不满和抱怨，但我没有放弃，咬牙坚持再坚持。或许这个军训的过程和追求梦想的过程是一样的，需要奋斗和付出，要经历挫折，要身经百战。中国梦里有我这个少年的梦想，我相信我会实现它，路在脚下，哪怕千难万险，我也要全力以赴。

军训即将结束，我回想那整齐的步伐，严厉而幽默的教官，大家一起坐在地板上看电影，一起步入大食堂吃饭，一起走进军营大宿舍休息的场景，还有那唱过的嘹亮的军歌，仿佛一切还在身边，但一阵秋风吹来，我嗅到了离别的气息。明天，我就要带上我的行李离开训练基地了，我们将带着在军训中学到的一切，带着振兴中华的热情以及让祖国的未来更美好的志向为中国梦画上完美的句号。

这就是我的中国梦，我的军旅情。

（指导老师/任亚洲）

中国梦·强国梦

财经学院　陈婉婷

还记得教官曾经教过我们一首歌叫《当那天真的来临》，里面有句歌词唱得好："这世界并不安宁，和平的年代也有激荡的风云。"正因为人们经常认为这个世界很太平，祖国不需要我们去保卫，所以人们越来越自私，强国梦似乎也与自己毫无关系。假设那天真的来临，我们真的准备好了吗？

如今，在训练基地的时间已经过半。在这里，虽然我们只是进行简单的训练，但是，从教官的身上我却能感受到军人肩上所担负的使命。他们时刻在做准备，准备为祖国奉献自己的一切。可作为大学生的我们，却没有多少人有这种觉悟！所以军训，不仅要让我们有好的体魄，更让我们有一颗强国之心。

高中的时候，一直都很崇拜军人，感觉军人可以让人有安全感。当时还看了不少军事题材的小说和电视剧，记得有一年过年在家看了部抗日剧《血战到底》，非常佩服里面的川军，即便他们是"杂牌军"，没地位，被人看不起，但是他们为了祖国的安宁，依旧坚持奋战沙场，最终全部牺牲。他们承受了屈辱，也失去了生命，但是他们依旧无怨无悔。这就是因为他们心中都有一个强国梦——国家和平、富强。只要梦在，一切都可以坚持。

对于强国，我觉得最关键的就是团结。如果搞内讧，又怎么能不让其他国家有机可趁？我们在国防基地学会的第一首歌就是《团结就是力量》。其实，在军营唱歌，唱的不是歌，是气势。只要气势在，人就精神倍增。这首歌更是被我们一次一次喊出来。因为有了团结之心，才能扛起自己的责任，担负起保卫祖国的重任。

在当今这个社会，大学生是祖国的未来，是民族的希望。作为一名大学生，我们将不再像小学生、中学生那样，只顾学习或是玩乐，我们应该心系祖国，不把国家之事当作身外事，强大祖国的梦应该植根在每个大学生心中。

现在，看似辛苦的军训生活也已经过去一大半了。在这几天的军训生活中，或悲伤，或欢乐，都将成为过去，而希望永远在前方，我们都应将在军训中学到的东西付诸行动。我们要知道，当我们坚持不下去的时候，再坚持一下，就会发现其实自己的潜力无限大，我们也将因此成就更美好的人生。

我国是一个拥有十几亿人口的国家，要想国家强大，就必须每个人都付出努力。作为大学生的我们更是义不容辞，即便我们无法真的为祖国去战斗，我们也应该为了祖国的强大不断地去充实自己，提高自己各方面的素质。这样，我们的中国梦，我们的强国梦，将不再只是梦。

（指导老师/舒露瑶）

扬帆启航

交通与环境学院　黄超伟

从小，我就有个梦想，身着军装，踏着整齐的方正步，在祖国的蓝天下走过。看着银幕上解放军叔叔们那飒爽的英姿，更是激起了我心中向往军营生活的那份情感。现在，我似乎触碰到了自己小时候的梦想。我，踏入了军旅生活。

大学的军训，拉开了我梦想的帷幕。满怀激动的心情，我踏入了自己向往已久的地方。军营里，空气似乎变得格外清新。抬头望望天，我才发现，原来，祖国的天空是这么的蓝。不知不觉间，我被这唯美的画面迷住了，驻足不前。

早晨，天还未亮，带着昏沉的双眼、些许哆嗦的身躯，我们来到了训练场地，开始了我们的一天。刚开始，我们总会很难适应。秋风阵阵袭来，我们仍是汗水直下。午后，顶着烈日，我们在站着最美的军姿。此刻，我仿佛感受到军人的气息正从我们身上散发出来。十四天的军营生活，是苦，是累，但更多的是对我们意志的磨炼。这些，都是我们用汗水换来的。

曾记否？习近平主席在十二届全国人大一次会议上庄重地提出了令国人振奋的话语——短短的三个字——中国梦。是的，每个人都有理想与追求，都有自己的梦想，而中国梦，便是实现中华民族的伟大复兴，是我们共同的梦想。“少年强，则国强”，我小小的梦想，镶嵌于我们祖国伟大的梦想中。军营生活，锻炼了我们的体魄，磨炼了我们的意志，让我们敢于吃苦，敢于面对；让我们不怕艰辛，不怕劳累。

我明白，只有增强自身的能力，才能提高国家的实力，才能实现中华民族的伟大复兴，才能实现我们的梦想——中国梦。而这些，靠的就是我们坚定的意志，而这些，正是军营生活所给予我们的。

白驹过隙，时光如小河流水，一去不复返。短短十四天的军营生活，因为累，我们流过泪，但我们却从未想过要放弃。站军姿，踢正步，练队形……或许这些并不重要，重要的是，我们学会了坚持，学会了团结，也学会了遵守纪律。

崭新的一页，记下了我军营生活的回忆。它是宝贵的，是我人生不可抹去的一部分。军训所感，已凝结成一种无形的力量，一种支持着我在人生的风雨中不断前行的力量。怀着青涩的军人梦，我扬帆启航，“路漫漫其修远兮，吾将上下而求索”。乘风破浪，终有到达彼岸的时刻。那一刻，中国梦，实现了！

（指导老师/谢妮）

我的中国梦与军训

电子与通信学院　彭秀燕

中国梦，是中国人的梦想。俗话说，没有梦想的人成不了大器，没有梦想的国家也成不了强国。中国必须以走中国特色社会主义道路，弘扬中华民族精神来实现中国梦。

作为刚刚踏入大学的新生，我们都需要有梦想，通过虚心学习科学文化知识，踏踏实实地做好自己的事情，来创造出属于自己的美好未来，为我们的国家增光添彩。然而，此时此刻的我们刚刚结束军营里的生活，虽然军训的日子已经过去，但是在军营里的点点滴滴却让我们终生难忘。

首先，我们知道，我们国家的军队是一支强大的战斗力量，它保卫着国家的安全。因此，我们就对军人充满着无限的遐想和向往。军训 14 天，日子是很辛苦，可是，它不仅强健了我们的体质，同时还磨炼了我们的意志，坚定了我们的信念，让我们领悟到纪律观念和时间观念的重要性。虽然每天训练的时候都顶着烈日，晒得汗流浃背，但我们还是坚持不懈地练好教官所教的内容，例如站军姿，踢正步等。在训练每一个动作的时候，我们都能感受到同学们那持之以恒的决心和团队的力量。

其次，通过这次军训，我们学会了如何去面对挫折，如何去战胜自己未来道路上的困难，如何去努力开拓出属于自己的光明大道，闯出属于自己的天空。让这成为挑战自我，磨炼意志的一种人生感悟和体验。虽然在我们心中有许多说不出的酸甜苦辣，但这又何尝不是一种人生快乐？让自己能够充满信念朝着理想的目标前进，为自己增加一份自信和勇气。

最后，在这次军训中，我们还听了专题讲座，观看了爱国电影，这些不仅强化了我们的爱国主义思想，更让我们深刻地理解了我们共同的理想、目标，从而学会踏踏实实地做好自己应该做的事情，不辜负党对我们的期望。我们知道，改革开放以来，中国人民的生活发生了巨大的变化，中国社会经历了从封闭、贫穷、落后和缺乏生机到开放、富强、文明和充满活力的历史性变化。如今的中国，经济实力和综合国力都显著增强，科技水平也在迅速提高。中国成为了世界上令人瞩目的国家，这是每一个中国人的骄傲。

梦在前方，路在脚下。全国各族人民为了实现中国梦，每天都在不断地探索、发展、前进，对于我们来说，我们可以做到的就是努力去实现自己的梦想，因为只有我们的梦想实现了，中国的梦想才会实现。我们的梦想，便是中国的梦想。

（指导老师/曹美多）

我心里的中国梦

交通与环境学院　郑智裕

今年军训，由学校武装部牵头，在军营里组织开展了多种形式的以中国梦为主题的系列活动，让我们在军营里就深刻领悟了“中国梦”。

这期间，我受过伤，想过家，但我没有退缩，我挺过来了。我记得教官说过：“你来到这里，你就是一名战士，要做到流血流汗不流泪。”我，真真切切地做到了。当我站军姿站到累得快要晕倒时，我挺住了。当教官批评我正步没踢好时，我心里很难受；但是当我苦练了一个多小时之后，他认可了，这是我第一次这么满足，终于，我尝到了成功的滋味。

几天的训练，让我们明白了很多，让我们这些温室里的花朵体会到了艰辛。相信这两周之后，我们不会再当衣来伸手、饭来张口的“小公主”“小王子”，我们会更加孝顺自己的父母，会更加珍惜生活，会更加懂事。

关于梦想，我认为，梦是一种欲望，想是一种行为，梦想是梦与想的结合，因此需要我们将欲望付诸行动，才能更靠近梦想。中国有自己的梦想，“实现中华民族伟大复兴，就是中华民族近代以来最伟大的梦想”。这是习近平总书记提出的中国梦，是我们中华民族的共同梦想，也是我的梦想。我觉得，中国梦不是一般意义上的梦想，而是一种特定的、整体性的思想意识和目标指向，是思想意识和目标指向的高度融合统一，是中华民族正在万众一心、努力奋斗的共同理想。

为了实现中国梦，我们各自的角色都不同，作为一名新时代的大学生，我所能做的就是努力学习，提升自己各方面的能力，为国家的强国富国之梦贡献自己的一个力量。虽然，每一次扬帆启航，难免都会有阻碍，但只要有梦想在，未来就充满希望。坚持我们内心的梦想，挺起自己的胸膛，乘风破浪，追逐梦想。如果中国千千万万的同胞都能怀揣着同一个梦想，并且都为这个梦想为之奋斗，那么，现实中国的强国、富国之梦将不远了。

中国梦，我的梦。中国梦的实现是我们每一个人的梦实现的前提条件。为了中国梦和我们的梦都可以如愿地实现，我们必须脚踏实地地做好每一件该做好的事。

我的梦，我们的梦，铸就了中国梦。待你我梦想实现之日，便是中国梦实现之时，中国屹立于世界之巅之时。

（指导老师/李志国）

致 2019 年自己的一封信

——中国梦，十三亿人民的梦

交通与环境学院　刘嘉慧

未来的自己：

你好！

你过得还好吗？

不知道你看到这封信是在什么状态，你是思绪万千还是欢乐无忧？你是在挥洒欢乐的晴天还是思愁不断的雨天？你是在忙碌工作还是悠闲烦恼？六年了，你毕业了吗？你走上就业岗位了吗？你的事业还顺利吗？爸爸妈妈的身体是否还健康？你最亲爱的人还都在身边吗？还记得六年前刚上大学的你吗？还记得去军训前的你、军训期间的你和军训之后的你吗？

军训前，你是温室里的花朵，是衣来伸手、饭来张口的“小霸王”，是要什么都动口不动手、眼高手低的“小家伙”。你不会照顾自己，你总是依赖父母，依赖身边的人。那时的你还不够坚强，不够独立，不够成熟。

军训半个月，光是得知这军训时间长达两个星期，就使人从心里逃避、厌倦、烦躁、害怕，焦虑不安。无数次清点自己需要带上的、以为不可或缺的每样物品，认为只有这样，才会让自己心里更加踏实一些。带上难以言语的情绪缓缓地登车了，多希望去国防基地的路程要多长有多长，心里想了无数种延长这段路程的“小诡计”，最终，还是穿上军装来到国防基地。用教官的话说：“穿上这身军装，你们就是军人！”是！我们要对得起这身迷彩服，作为一名新兵蛋子，就要服从，必须服从，绝对服从！

每天重复地做同一件事，重复着前一天一个个枯燥乏味的动作，一句句不得违抗的命令，除了服从还是服从。齐步走、正步走、分解动作、连贯动作，除了练习这些还是练习这些。尽管这些口令、动作看似枯燥乏味，却确确实实锻炼了我们的意志，让我们学会了坚强！

看到这里，你一定觉得自己已经变得坚强了！

军训期间，中途换了一位教官来带我们，训练我们。人都是有感情的，虽然我们相处才短短的几天时间，但却已经在心里留下印记。在新教官的严厉训练下，我们的会演顺利成功。记住教官说的话，“人过留名，雁过留声”。

离开父母、亲友两个多星期的日子里，我学会了更多的是如何与他人相处。世上不如意的事情太多太多，想要改变，更是有心无力，只能靠自己努力地去适应它、接受它、融入它。当觉得自己不可能做到，根本做不到的时候再忍一忍、再坚强一点、再坚持久一点，其实，一切都没有想象中的那么难做到。

看到这里，你一定觉得自己已经独立了！

军训结束，这也意味着另一个开始，一个有梦想、有毅力、有耐心，会坚持的新的开始。带着你从稚嫩到成熟、从依赖到自强的坚定信心，造就自己的梦想！

我心中已准备好，种下中国梦，创造美好的未来。在实现梦的过程中，总不可能一帆风顺，难免会遇到困难，但那又能怎样，只要你信念足够坚定，一定能够走向成功。梦，总有一天会实现！

看到这里，你一定觉得自己已经成熟了！

此致

敬礼！

刘嘉慧

2013 年 11 月 20 日

（指导老师/潘正钦）

军营筑梦

应用外语学院　卢秀娜

两周的军训即将结束，但这并不意味着终结。因为在军训生活中所学到的那些优秀精神品质，开启了我们的大学生活，筑起了我们实现中国梦的大门。

艰苦的军训让我学会了坚持。“少年强则国强。故今日之责任，不在他人，而全在我少年。”中国梦的实现需要的是一批有艰苦奋斗精神的青年。“天将降大任于斯人也，必先苦其心志，劳其筋骨，饿其体肤，空乏其身……”经过十几天的训练，我终于领悟到了这话的含义。头顶的骄阳灼烧我们的皮肤，但我们仍昂首挺胸，把军姿站得笔直。即便汗水湿透了衣衫，我们依旧坚持训练。每当我坚持不住，想要放弃的时候，我总会想到，如果没有那些革命先烈们抛头颅、洒热血，又怎会有我们今天的新中国？如果没有科学工作者辛勤的汗水，又怎会有中国科技的巨大飞跃？所以，我学会了坚持……

亲身体验过这些艰辛，才知道军人们整齐的军姿背后流了多少汗水。不经历风雨，怎能见彩虹？不经历一番寒彻骨，怎得梅花扑鼻香！没有人可以随随便便就成功，不经受磨难又怎能实现中国梦？作为大学生的我们，更应该用我们坚强的意志，承担起实现中华民族复兴这一伟大使命。

军训生活增强了我的集体主义观念。中国梦的实现也正是需要所有中国人的共同努力。在训练过程中，教官一直告诉我们：“你们是一个集体，一个团队。”之前在喊口令的时候，我们班的声音总比别的班小。我们很纳闷。于是决定要看一下其他班的同学们喊口令。那些同学个个都喊得声嘶力竭，我们突然间明白，因为我们都抱着只要别人大声喊就可以的心理，所以才会自我懈怠，没有用尽全力。一个集体需要每个人的共同努力才能强大，一个国家需要全体人民的共同奋斗才能更加富强。中国梦是一个国家的梦，是每一个中国人的梦。它的实现需要每个人的共同努力。

“天下兴亡，匹夫有责。”作为大学生的我们，应把个人的命运与国家的命运紧密相连，自觉地磨炼自己，积极为实现中国梦而奋斗。

军训生活让我们更加独立和坚强。艰苦的军训生活是我们人生中一段难忘的旅程。让我们发扬军训学到的精神品质，为中国梦的实现插上腾飞的翅膀吧！

（指导老师/郝 佳）

军中风采，放飞中国梦

应用外语学院 吴雪芬

军营，军训。让我们展现军中风采，放飞中国梦，收获成长的果实。

古语云："天将降大任于斯人也，必先苦其心智，劳其筋骨，饿其体肤，空乏其身……"作为刚踏进大学的我们，需要有坚强的意志、健壮的身体来规划好大学生活，以后更好地为社会做贡献，为国家效力。

军训所赋予我的精神财富与成长回忆，将让我一生受益匪浅。你永远都不会遗忘它对你今后生活的影响。虽然，军训的每一天，我都感到身心疲惫，腰酸背痛，但是，我切实感受到军人的姿态，军人的严谨，军人的贡献，学会了军人的严格作风，无私奉献。军人应有的姿态，不仅要呈现给国人看，更会引起全世界的瞩目。军训让我更加懂得每个人都离不开社会、国家，宛如鱼无法离开水一样。国家给予了我们一切，我们应当回报国家。为了实现国家富强和民族复兴的伟大中国梦，我们每个人应学会将个人与国家的命运紧紧联系在一起，从小立志，学习周恩来总理"为中华之崛起而读书"的精神，为中国之富强而读书，放飞中国梦。

军训，它不仅意味着我们接受军人的洗礼，要严格要求自己，自觉自律，克己守礼；而且，它让我们的思想境界得到进一步升华：深刻懂得中国梦实质上是人民梦，我们实现中国梦必须弘扬的精神，必须凝聚全民族团结的力量。全民族的力量就是团结的力量，这力量是铁，这力量是钢……我们更加理解了“一根筷子易折断，十只筷子不易断”的道理。军训中所播放的战争电影里，军人挥洒着他们的血汗于祖国成长的道路上，这条路荆棘丛生，但军人毫无畏惧，他们用鲜血染红了祖国的旗帜，用坚实的肩膀扛起国家的重担，用青春的旋律奏响祖国统一的号角。展现军中风采，启航民族伟大的中国梦，振兴中华，放飞祖国统一的中国梦。

军训，锻炼了我们的意志，磨砺了我们的身心。教官说：“合理的是锻炼，不合理的是磨炼。”这句话我深深地记在脑海之中。因为无论我们军训有多辛苦，都比不上教官当新兵时的万分之一。我们虽然体会不到当年他们有多么艰苦，但我们体会得到我们要用军人的作风与态度对待以后的一切。

军训，让我们更向往中国梦，让我们的面貌焕然一新。每个人都可以有一个中国梦。我们要为实现国家的复兴之梦，勇往直前，尽心尽力地从现在做起，不断向中国梦靠近。为我们七彩的人生点燃火炬，为我们富强昌盛的中国绽放光芒。中国梦的腾飞，靠未来的我们，让我们展现军中风采为放飞中国梦而奋斗！

（指导老师/汪伟欣）

安好，中国梦

交通与环境学院　方荣盛

古人云："人贵有志，当志存高远。"每个人都有一份属于自己的志向，也许远大，也许平凡，而要实现志向就要不懈奋斗，勇往直前，脚踏实地地走好每一步。

军训虽然已经过去，但对我们这些大学生而言，对我们的人生观、价值观必将产生深远的影响。两周的军训生活培养了我们顽强拼搏、积极向上的良好作风，铸就了我们不畏艰难、刻苦努力的坚强意志。还记得电视剧《我是特种兵》里，军人们面对国旗许下誓言"如果需要，我将为国捐躯；如果必要，请将最后一颗子弹留给我"。我钦佩军人的胆量和刚强。军训是一次精神的洗礼，也是一次意志的考验，它让我们体验了一次当兵的生活，它教会了我们怎样去面对生活、面对困难，怎样去承担责任，怎样去赢得荣誉。

回头看看，军训的日子有苦也有乐，有泪也有笑，但掌声淹没了所有的伤痛，留下的只是团结与欢乐。正是那一片迷彩绿告诉我，为什么军营里会涌现出一大批杰出人物，为什么中国人民解放军会被称为"最可爱的人"，为什么他们可以成为战无不胜、攻无不克的"王者之师"！正是因为军人们都具有坚强、自信、忠诚、敢于承担责任的优秀品质，具有极强的荣誉感和强大的战斗力。如果我们可以把这些带到学习生活中去，我相信没有什么困难是我不能克服的。

而今，军人已经成为优秀群体的代名词，军队严格的操练方法，严明的纪律，军队的精神塑造，无一不是在传统教育环境下成长的我们最需要的东西。在组建一个新集体，开始一段新的学习生活之前先进行军训，可以培养我们的集体荣誉感，让我们以更饱满的热情珍惜学习，端正态度，把握成长的时机。

无尽的远方，无数的人，都与我有关。我眺望着远方那梦想所在：风淡云清，梦飞扬，正是少年得意时；山长水远，人常健，正是国家富强时。我们都有一个梦，一个关乎国家的梦——我的中国梦。

梦，飘缈，美好，指引我们前进的方向，不断增加我们前进的勇气和取胜的信心。每个人都有期待，也都有自己的小小梦想，自己的中国梦。这些梦的集合体，就是我们国家前进的力量和动力，然而实现中华民族的伟大复兴，有赖于一代又一代人为之艰苦奋斗。“中国梦”需要我们时刻坚定信念，需要一往无前的勇气和顽强拼搏的精神。只有树立积极向上的良好作风，不畏艰难、刻苦努力的坚强意志，才能实现中华民族的伟大复兴，实现我的中国梦。

让我们一起努力吧！在不久的将来，一群少年，策马奔腾，谈笑风生，身后，国土一派宁静。国，安好；家，安好；人，安好。此正所谓中国圆梦。

（指导老师/谢妮）

我的中国梦·强军梦

财经学院　何嘉莹

守卫着天空，护卫着海洋，保卫着大地。他们是谁？他们是军人，是有着铁的纪律、钢的意志的军人，他们是我们国家的“铜墙铁壁”。

我小时候就很羡慕军人，笔挺的军装、坚定的目光，还有那整齐划一的步伐，那也是所有人的梦想。他们舍己救人，他们抵御外敌，他们保家卫国！然而军训圆了我们的一个梦，一个当军人的梦。

伴随着洪亮、严厉的哨声，迈着年轻有力的步伐，我们开始了十四天的大学生军训。毋庸置疑，大学的军训很累，但这是一种人生体验，也是一个战胜自我、锻炼意志的良好机会。军训不仅仅是对我们身体上的锻炼，更多的是对精神上的磨砺。俗话说：“宝剑锋从磨砺出，梅花香自苦寒来。”我们就像一颗幼苗，如果不经历风雨，又怎么能成长为参天大树？我们站军姿，挺起了我们炎黄子孙的脊背，挺起了我们中华民族的骄傲；我们练齐步、正步，不但锻炼了我们的身体协调性，也让我们明白了什么是毅力；我们练方阵队，使大家深刻地了解了什么是合作，什么是团队。我们是一个集体，不可分割的集体，只有团结才是我们的中心——团结就是力量，这力量是铁，这力量是钢，比铁还硬，比钢还强。

军训是高度规范化、集体化、封闭化的生活，每天都有训练，但它是充实的。我明白，军营生活表面的充实是用背后严格而又残酷的训练编织而成的。军训树立我们的信心，培养了我们的集体荣誉感和归属感，让我们以坚强为信念，努力成为生活的强者。曾经，我们一起欢笑、流泪；今天，我们一起经历风雨、勇往直前；明天，让我们一起迎接灿烂的阳光。军训之中，有酸楚的泪水，苦咸的汗水，欢乐的笑声，飘扬的歌声和紧张激烈的辩论赛。经过这次艰苦而又难忘的军训，我们少了分娇气，多了分坚强；少了分依赖，多了分自强；少了分踌躇不前，多了分勇往直前。苏轼有言，“古之立大事者，不惟有超世之才，亦必有坚韧不拔之志”。

军训是一场对心理的挑战。有信心、有恒心，那你必定能达到收心、警心的效果。在这次军训中，不论磨砺了哪颗心，收获了哪颗心，那都是一笔不菲的财富，我们都是胜利者，没有在自己最后的军训中留下遗憾。可以说，军营滋养了我的青春梦想。

有位哲人曾经说过，无法回味的感觉才是最美妙的。军训就是一种美妙，它对于我们每一个人都别有一番滋味在心头，它已经成为我们人生中的一个里程碑，我一定会将这段特殊的时光好好珍藏。军营那一朵绿花，会永远地在我心底绽放，成为我不畏困难、勇往直前的力量，有助于我们走好今后的大学路、人生路。

军训虽然已经结束，但耳边还依然回荡着那首歌：“军号嘹亮，步伐整齐，人民军队有铁的纪律。服从命令是天职，条令条例要牢记，令必行，禁必止，自觉凝聚成战斗集体……”

（指导老师/舒露瑶）

梦从军训启航

软件学院　张立奎

中华民族是一个屹立在世界东方的伟大民族，五千年的历史沉淀，历经了无数次的战火与变迁，但中国人却始终站在舞台的中央，因为在中国人的骨头与血液里藏匿着我们民族最伟大的品质——坚强、勇敢、奋进，这些品质我们永远不会忘记，在军人身上我看见了它们，他们凝聚了中华民族所有优良的品质，他们意志如钢，为国家舍身忘死。

踏入大学的我们也迎来了半个月的军训生涯，我们怀着兴奋、惊奇的心情走向了军营。在军营里我们吃尽了苦头，但我们也懂得了许多宝贵的道理，要如何与人相处，如何去与团队协作等等。军营条件艰苦，但也因此磨炼了我们的意志，我们都懂得了一个人的力量始终是有限的，但众人的力量却是无穷的，一个人就是一滴水，只有当这一滴水融入海洋的刹那才拥有翻江倒海的力量。在半个月的军训中我体会到了坚强，成功就在于坚强，只有这样才比别人走得更远。

在军训中我学会了真诚待人，对待领导、对待老师、对待教官都必须怀着一颗真诚的心。中华民族历经数千年而不衰，正是秉承着这种尊师重道的真诚理念，没有真诚就不会团结，国家就不会强大。

在半个月的军训生活里，我从一开始的抵触到渐渐地习惯，直到后来越来越感觉自己像一个兵，能随时为国家和人民付出一切，这在军训之前是我无法想象的。我也因此明白了军人沉甸甸的使命，在他们的背后是国家的安危，百姓的安定，我知道了他们万千的荣耀都在人民幸福的笑容中。

军人的生活单调苦涩，但他们永远是充实奋进的，我有幸体验军人的生活，这将成为我人生最宝贵的财富。我知道我的未来不会再迷茫，因为我懂得如何分享别人的快乐与幸福，无论身在何处，我都将尽力去做一个奉献者。短暂的军营生活，坚定了我的意志，在战胜别人之前，我会学着先战胜自己，克服身上的缺点，磨炼自己的精神意志。

军营里培养了无数的国家栋梁，他们把中华民族优良的品质发扬光大，守纪、服从、奋进、刻苦，这就是军人。军人用钢铁一般的意志与他们的热血书写着中国的强军梦，铸造着一条保家卫国的钢铁长城。

嘹亮的军号吹响了集结的号角。在军营的每一个早晨，我的梦变得越来越清晰明了：我会学习军人的品格，以坚毅和奋发坚守报国的梦想，以知识与智慧回馈父母的养育之恩，让中华文明得以传承，让中华民族的伟大复兴得以实现，让梦想从这里启航。

（指导老师/黄远彬）

为梦想前行

软件学院　钟林良

梦想是什么？茨威格说，梦想是那个让你不顾一切，一心只往一个方向奋斗的不死信仰。我说，梦想是给予万物生长力量的阳光，是让河流奔腾入海的能量；没有梦想则如同失去了双脚，寸步难行。感谢军营，让我的梦想更丰盈，是它让我冲破一次次的困苦磨难，让我在一次次残酷的跌倒后能找回生活的勇气，重新站起来，上路。我的梦想是以我的生活经历作为注脚的。

我出生在粤西一个贫困山区的贫苦家庭，贫穷是童年留给我最大的印记。记得因为没钱买鞋，所以小学三年级之前我都是赤着脚去上学的；衣服也全部是拾亲戚家孩子们的旧衣服来穿。当同龄的孩子在向爸妈撒娇要玩具和零食时，我就得每天围着一头老黄牛转，服侍它，甚至是去掘地。也是因为穷，家乡的人几乎都是不去医院看病的，基本都是采取“小病抓中药，大病认命找神棍”的办法，而许多人为此付出了生命的代价。正是这些苦难的经历，让我萌生了坚决走出大山，追求幸福富裕生活的梦想。或许这个梦想跟那些需要你改变世界，改变人的梦想相比会显得很渺小，微不足道，甚至是世俗；但对我来说却是最实实在在，是真正能让我的内心燃烧起来的梦想，青春的梦想。

可以说，梦想在我曾经的成长路途中扮演了重要的角色。比如，高中时代，我因为酷爱读课外书荒废了学业而直接导致了第一次高考成绩的惨不忍睹。所有人都放弃了我，而我被迫辍学走上了打工的道路。但无论多苦多难，我都没有忘记自己的梦想，更从未放弃过自己成才的梦想。

一年之后，我说服了亲人，重新回到了课堂上。但还有更大的障碍摆在我的面前。基础差，记忆力衰退，加上又放弃了一年学业，功课全忘了，一切都需要从零开始，而时间又是那么的紧迫；但我还是凭着内心炽热的梦想而坚持下来。这一年我很努力，听不懂就自学，整整一年，我几乎没有睡过一天的午觉，而一年后，我终于如愿地考上了大学，进入了我喜欢的专业学习。

所以，我相信，只要我努力去拼搏、创造，梦想终有一天会变成现实。

（指导老师/黄远彬）

我和中国梦

财经学院　黄丽萍

每一个人都有梦想，每一个个体的梦想千差万异，但就一个国家、一个民族整体而言，每一个个体的梦想的表现形式尽管不同，但是从出发点来讲，其梦想应该是为了国家安定，为了国家美好的未来而设定的，我想，那就是我们的中国梦！

为了国家的繁荣富强，为了我们能够过上安定的生活，在当今我国国防力量相对薄弱的形势下，我们必须增强国防力量，顺应和平发展的主流，反对霸权主义和强权政治，用和平共处五项原则来处理我国的外交关系。

当然，这一重担就落在我们大学生的肩上了，所以国家提供财力、人力对我们进行军事训练。那么为什么要让我们训练呢？参加军训是大学生作为一个公民履行服兵役义务的一种途径，其目的在于增强我们的国防意识与集体主义观念，激发我国的爱国热情，增强我们的凝聚力，同时也可以使我们更加深刻地去了解我国的国防实力以及国防现状，增强我们的忧患意识。或许同学们会觉得这些目的有些遥不可及，但是军训就是这样，总在不知不觉中，改变你的世界观、人生观、价值观，我想这就是军训的魅力所在吧！让你在潜移默化中改变！

对于个人来说，军训有利于培养同学们吃苦耐劳的优秀品质，有利于磨炼同学们的意志，增强同学们的受挫抗压能力，培养同学们团结协作的精神，有利于同学们养成良好的生活习惯和严谨的生活作风……总而言之，军训是我们人生中一份宝贵的财富。虽然只有半个月的时间，但是我相信这会成为个人的深刻记忆。相信即使多年之后，回忆起那些画面，我们的嘴角仍是上扬的。

军训这几天，我已经深刻地体会了军人的生活。他们每天总是很早就起来训练，而且还是在有限的时间内有条不紊地完成任务。一开始我觉得军训是无聊的，痛苦的，因为每天都是训练训练，两点一线，来来回回。但后来，我居然爱上军训，只因为我换了一个角度去看待军训。在军训中，我跟同学们一起在阳光下训练，一起流汗一起笑，那种一起努力做好一个动作的团结，以及那种每一个人都为这个集体在努力纠正自己不足的感觉，我真的很喜欢。做得不好的同学虚心地向那些做得好的同学请教，而那些同学则是耐心地一遍遍演示。或许我们做得不好，但是我们没有放弃；或许训练很辛苦，但是我们选择了坚持；或许那一个个定位的动作让我们不胜其烦，让我们力不从心，但是我们选择一次次地重复，决不气馁！或许多年以后，教官已经不记得我们了，但是我们却永远记住了那个表面严肃，但有时笑得跟小孩似的教官，他总是那么认真地教我们，或许我们不是教官最优秀的学生，但是他却是我们最棒的教官！

军训中，我们改变了原本娇气的性格，我们成了训练场上的“女汉子”；我们改掉原本懒散的坏毛病，在紧张的生活下，我们无法放任我们的懒散；我们不再是那么爱耍性子，不再喜欢标新立异。90后的我们在别人眼里总是那么放荡不羁，但是我们服从命令，绝对地服从。在这里，我们站有站姿，坐有坐姿……

我相信，回校之后，军训生活将影响我的学习生活，它会让我以更好的面貌和姿态去迎接我的未来，去更好地为祖国贡献我个人的力量！

（指导老师/李伟汉）

我的灵魂我的梦

财经学院　梁志梅

一个人如果没有了灵魂，就犹如行尸走兽，那样的人生是没有意义的，更没有乐趣可言；一个人如果没有梦想，那么他的人生注定平庸，注定没有意义！习近平总书记在参观《复兴之路》图片展览时指出，实现中华民族的伟大复兴，就是中华民族近代以来最大的梦想。实现中华民族的伟大复兴是我们青年一代义不容辞的责任，我们是祖国的希望，我们应该成为国家未来的顶梁柱，撑起新的一片天。

“天将降大任于斯人也，必先苦其心志，劳其筋骨，饿其体肤……”我们想要承担起实现中华民族伟大复兴的重任，必须先承受起各种考验，承受各种压力。谈到我们的军训，许多人觉得吃不消，总想找各种借口去逃避训练。回顾中国的历史，我们历经了多少苦难才建立了新中国？我们现在享受的所有安逸和幸福，都是千千万万的革命先辈用他们的付出和牺牲换来的；而今天的我们，在幸福中体会一下他们的辛苦，竟然退缩不前，何不惭愧？

军训固然辛苦，对于教官的惩罚，或许我们觉得委屈和不服。但是此时，我们应该铭记，作为一名军人，我们不能屈服，我们不能放弃。这是在锻炼我们的身体，磨炼我们的意志，升华我们的灵魂，使我们成为一名有灵魂和梦想的中国人。只有成为这样的人，我们才能扛起建设国家的重任，才能不辜负先辈的一番努力。

灵魂、梦想二者紧密相连。所谓灵魂，是从我们的梦想体现出来的。我们的梦想，不应该只站在个人的立场，比如为了车子、房子等去奋斗。人民不会铭记一个财富丰厚的人，但会铭记每一个为社会、为国家做出过重大贡献的人。哪一个“感动中国”人物不是舍小我而顾全大局的，他们为了别人的幸福快乐，不惜牺牲自己的幸福，甚至付出生命。他们的灵魂是神圣的，他们的梦想值得我们每一个人去反思自己，去要求自己。

再说“中国梦”，它是对现在国家繁荣昌盛的生动写照。人民生活水平不断提高，综合国力不断增强，民族灿烂文化不断丰富，这些都是有目共睹的。“中国梦”是对未来科学发展的热切期盼。我们期盼着未来更加美好，期盼着小康社会的实现，期盼着……要实现这些期盼，需要我们的不断奋斗，我们的奋斗就是人民的期盼！

我们从军训中学会忍耐，学会承受，学会自强不息，在所有苦难面前，坚持、坚持、再坚持，因为我们要做一个有高尚的灵魂和梦想的中国人。

（指导老师/舒露瑶）

梦，当我走进军营

商务管理学院　叶秀婷

梦想，是你生活的动力；

梦想，是你美好的憧憬；

梦想，是你飞翔的翅膀。

拥有梦想才会拥有生活，拥有梦想才会拥有未来。人生如果没有梦想，犹如飞机失去航向，坠落失事在所难免；人生如果没有梦想，恰似航船失去方向，浮浮沉沉，淹没于大海乃意料中事。

电影《那些年，我们一起追的女孩》的创作者九把刀曾经说过这样一句话："梦想，是我买过最贵的东西。"

小时候，曾经梦想当一名站在舞台上穿着雪白芭蕾舞裙的舞者，令万人惊羡；梦想过当一名举国闻名的歌唱家，受万人瞩目；甚至还梦想当一名伟大的科学家，为国家发光发热。

长大了，才慢慢懂得，梦想，不需要那么高远，那么悬乎，它就是一个追求你想要的并力所能及的东西。然而，当我走进军营，才发现梦想成为舞者、歌唱家、科学家可能只是仰望星空式的梦想，而要想追求你想要的并力所能及的便要付出脚踏实地的行动，而这，正需要从学习一个军人的优良品质开始。

还记得刚来军营的头两天，训练内容比较少，教官每教完一个动作要领都会让我们休息几分钟，而每次休息完再练，我们的训练效果都会比之前略差。久而久之，教官便看出端倪，继而教导我们该休息的时候休息，该训练的时候训练。如此，我领悟到，做人，应当秉持这种张弛有度的人生观，既要拿得起也要放得下。一直以来，心中的军人形象是严守纪律，恪守标准的。当我走进军营发现他们这种价值观时，心目中严肃的军人形象平添了几分可亲可敬的色彩。试想，我们这些泛泛之辈又有几个能做到拿得起放得下呢？前有某白领为工作日夜操劳，最后猝死在电脑旁。如此生活态度不仅不能达到我们的目标，反而终究会连生活的真谛都忽略掉；后有沉迷赌博、游戏甚至吸毒者，终日玩物丧志，碌碌无为，不思进取。诚然，这两种生活态度皆不可取。

俗话说得好，态度决定高度。我们应拥有一个正确的态度，就是把梦想定在一个好的位置上，而我们需要做的就是向它瞄准，继而发出最为精准的一枪。

十八大召开以来，中国首次提出中国梦这一强国目标，它凝聚了国人最大的期望，汇聚了国人最大的智慧。而确保这一目标的实现，恰如习近平总书记所说："实干兴邦，空谈误国。"我想起了在军训时，教官会让指挥员下口令，如果我们不苦练实练，又怎会站出威风凛凛、屹立不倒的军姿呢？又怎会走出整齐的队列呢？

因此，梦想的实现需要实干精神，需要有脚踏实地的行动。否则，梦想就只能是挂在苍穹的星星，尽管美丽让人向往却遥不可及。

知道梦想实现家林志颖的履历为什么连美国总统奥巴马都为之震撼了吗？知道为什么梦想励志微电影《老男孩》一播出就引起那么大的共鸣吗？我想，我们每个人都像他们那样曾经对年少时光许下的愿望充满热血奋斗之情，满载憧憬之意……只不过大多数人却因为这样或那样的原因，始终把梦想停留在"想"上，经年之后，回首看看只能徒留一声声慨叹罢了……

走进军营，我知道拥有梦想很可贵，我知道坚持梦想不容易……

走进军营，我知道梦想尽管很遥远却近在咫尺，我知道它就在我脚下……

（指导老师/郑嘉玲）

我心中的中国梦

数字媒体学院　余晓绵

梦想，是我们小时候经常挂在嘴边的一个词语，每个人心里都怀揣着梦想逐渐地成长。相对于一个国家来说，个人的梦想也许微不足道，但正是每个人的梦想才构成了一个国家的梦想。中国梦，也许有人觉得仅仅是让中国变得更加富有，或是在与外国的竞赛中取得更多的奖项。而我眼中的中国梦，它作为一个民族的梦想，符合中华民族的整体利益。

在国防基地为期十四天的军训，对于我们这些刚走进大学的人来说，必将对我们的人生观、价值观产生深远的影响。训前，我们一个个都习惯了舒服自在的生活，饿了，有家人准备好的饭菜；累了，有松软的床铺；自己想要的东西可以随意购买。而在军营里，我们需要服从教官的命令，需要适应简陋的生活环境，需要遵守很多规矩。每天定时吃饭睡觉，排队洗澡，没有像在家里一样丰富多变的菜式……在这个过程当中，我们学到的不只是站军姿、齐步走、正步走，更重要的是我们在这里磨炼了意志，学会了吃苦，学会了坚持，学会了团结，学会了遵守纪律！短短十几天里，我们通过体验军人的生活而学会了这些东西是多么值得，也许以后我们会忘了教官的长相，忘了我们训练了什么，忘了让我们厌恶不已的厕所；但我们会记得学到的这些品质，那是作为一名中国人需要学习的，也是我们实现中国梦的必备条件，足以让我们受用一生。

军训期间除了训练之外还组织了各种活动，其中有一次讲座，老师向我们介绍了中国与其他国家军训的不同，而且向我们说明了军训的重要性，让我们认识到军训不仅能锻炼我们的身体，还能提升我们的心理素质，而中国梦的实现恰恰需要国民身体及心理素质全方位的提高。另外还有展播的战争题材影片也令我们受益良多，平时我们也许根本不看战争片，于是我们不懂得什么是吃苦；看了才知道对比革命先辈们，我们在军训中所吃的苦根本不值一提。

如果我们每个人有机会的话都应该去军训一阵子，体验军人的生活，体会军人的不容易，规范自己的生活方式，总要在经历过才懂得“军训一阵子，受益一辈子”这话是正确的。网上流传着这样一句话：“你所站立的那个地方，正是你的中国。你怎么样，中国便怎么样。你是什么，中国便是什么。你有光明，中国便不黑暗。”面对现状，我们不能只是躺在床上做梦，要懂得给自己找机会去吃苦，去锻炼，磨炼意志，提高身体和心理素质。

中国梦重视个体，它是个体和家庭的富裕梦、安稳梦、文明梦、幸福梦。当每个人都懂得把握自己的梦想，提高自身的身体和心理素质时，中国梦便不是梦。现在就让我们行动起来，为实现中华民族伟大复兴的中国梦而奋斗！

（指导老师/马荣涛）

也许军训能让我成为一个兵

机电工程学院　丘英聪

我一直以为，当兵，就会成为国家的一个“卒”，简直是浪费青春；当兵，就是成为国家的“奴隶”，唯命是从，简直是个“活死人”；当兵，混得再出色，也成不了富翁，发不了财，给不了家人什么好生活，给家人制造不了“桃花源”。但是，这次短暂的十几天军训，让我明白曾经的思想是多么错误。即使一个人再有成就，也是在军人的保卫下所能取得的，你的成就有他们的一分功劳。

军训对我来说是一个过程，我感到非常荣幸和自豪，非常感谢学校的良苦用心和教官的谆谆教导。在那里，没有所谓的“谣言”，没有所谓“辣”的味道，更没有所谓的“涩”。在那里，你可以看到真正的天空——蓝天和白云，之所以这么说，是因为它们很神圣，会在不知不觉中净化你的心灵。在那里，心中只会有一种想法——把眼前的动作做好；只会有一种目的——希望动作一次性通过；只会有一种希望——“稍息”。

也许尘土飞扬的场面更多地出现在电视中，也许汗流浃背的样子更多地呈现在劳作百姓中，也许会有更多的也许……但当身临其境，切身体验后，便会有另一番滋味……那种“百合味”是只能意会不能言传的，因为它潜在的意识比现实中的“理论”来得更真切。

也许一个人会时常高估自己的能力，那是因为我们心中常常保持一颗年轻的心；也许一个人会时常考虑自己的私欲，那是因为我们常常忘记“人”字是怎样写的；也许这一切，并不是我们的错；也许这一切，都是因为我们还年轻。

不！生活没有那么多“也许”，因为“战场”是现实的，它不会因为你的“也许”而改变整个事态的发展，只有不断反思，不断领悟益言益事，不断从小事中得到对自身有益的启发，人生旅程才会有明灯相随而不至于在恐惧中度过。

十几天的军训为我的“军营之旅”铺垫了碎石，每行走一步，脚下发出的沙沙声，都会让我想起教官给予我的生活启示：珍惜当下。

也许有组织、有纪律的集体生活在现实中并不切合实际，但是，它会引领我自觉、有意识地去生活得有组织、有纪律。

（指导老师/胡群香）

中国梦 部队梦

交通与环境学院 常爱旻

习近平总书记谈论中国梦的时候说，让每一个少年都有一个中国梦。有梦想，有追求，在追求里成长。而父亲是警察的我，自幼就有一个部队梦。我喜欢看英姿飒爽站在风雨中的军人，不屈的脊梁，顽强的毅力。我一度爱上了他们的潇洒。可我是女孩子，家里并不希望我考军校或者当兵，这让高考失利的我一度颓废。

而开学的一场军训，仿佛帮我圆了我的部队梦、军旅梦。

我们在基地训练场站军姿，一个犯错一起受罚，晚上围坐一群唱《军中绿花》。而这些，都让我作为独生子女的那颗浮躁的心平静下来，安静地思考。

山没有悬崖峭壁就不再险峻；海没有惊涛骇浪就不再壮阔；河没有跌宕起伏就不再壮美；人生没有挫折磨难就不再坚强；梅花如果没有傲立霜雪的勇气，就不会成为严酷冬日里的一道靓丽风景；人如果没有坚持到底的毅力，就不会成为紧张军训中的一颗闪亮星。

而我的坚持，只为圆一个少年梦，圆一个中国梦。

从前一个个看似简单的动作却让人汗流浃背。双手自然弯曲，双手中指贴于裤缝，大拇指位于食指第二关节处，平视前方。双脚张开略呈60度角，脚跟互靠。上身挺胸，双肩略往后夹，人自然向前屈。站军姿时这些要点让人明白，做好一件事要的不仅仅是决心与意志，技巧同样重要。

这十四天里，我心中对部队的认识从少年时那份单纯的崇拜慢慢有了新的理解。“部队”两个字，除了意味着军人，更意味着一个集体。一人犯错全班受罚，一个人的正步踢得再好也不能代表集体。在部队，没有某某很厉害，只有某班，某连，某个支队很厉害。

“掉皮掉肉不掉队，流血流汗不流泪”，这或许就是对部队最完美的诠释吧。军姿，一站一天；正步，抬着腿十几分钟不动。累吗，当然累，可是为了集体，为了最后的阅兵式，为了一个班的荣誉，我们必须不掉队，必须不流泪！

曾经以为军训两周对于整个生命来说只是微不足道的一点时间，但这两周里，我们所学会、所获得的不仅仅只是队列、站姿，收获得更多的是那些足以陪伴我们一生的东西。

这十四天军训，也圆了我的军旅梦，虽然没有拿到“优秀学员”的荣誉称号，可是它却成了我人生里最宝贵的经历，也给了我一段最美的回忆。

我将永远记得我曾经是一个兵，记得这个部队梦，记得我们这一班的好战友！

（指导老师/潘正钦）

中国梦·军训

电子与通信学院 钟建宇

中国梦，中国人的梦，每个中国人都梦想成真便是中国梦的真正实现。“宝剑锋从磨砺出，梅花香自苦寒来。”相信经过军训磨砺的我和你，能够更加坚定追梦的决心！

记不清楚军训的每个细节，对军训的记忆，确实被现有的安逸生活冲淡了些许。或许这段军训经历是受益终生的，毕竟现在的生活习惯因为军训而变得规律和严谨：走姿自信了，气场十足；声音洪亮了，谈笑自然；就寝和起床又开始和“早”打起了交道，精神焕发……或许这段军训经历有痛苦：同学间聊“训”色变，亲友间谈“训”心酸，师生间话“训”尴尬……不得不说军训确实在我们心中留下了不可磨灭的记忆，不委婉地说就是留下了“阴影”！也许，在这“阴影”的荫护下，人生才会更有意义……

如同一场大国梦，没有人能预测未来的发展轨迹。对于未知，人们在期待的同时，必然潜藏着恐惧……圆梦的每一步走起来都是艰难的，失误也是难免的，但我们应该直面并利用失误，以集体为重。每个人都是独一无二的，但在集体中，个体必须学会向步调一致妥协。如同齐步走，或许每个成员的动作并不算得上标准，或许某个成员的动作比集体更标准……但就集体而言，少数人的失误是要集体来担责的，因小失大得不偿失！所以，在集体利益面前，个体的另类不值得炫耀，个体的“失误”不应成为拖集体后腿的理由，集体一致、达成共识才能取得成功！中国梦，大集体的梦，不容有失！

没有什么事情能完完全全按照原本的思路发展而不出现哪怕是一丝变化，现实中的梦是美好的，梦中的现实是残酷的。因此，我们应该在坦然面对现实的同时，树立忧患意识。如同集体写心得、做任务，分工明确，考虑周全；坚持不懈，未雨绸缪以备不时之需。常言道："常作忧患，必得安乐。"中国梦，兴国梦，忧患安邦意识不可不备！

我们从不缺少做梦的勇气，缺少的只是圆梦的决心！军训从不是举手投足间的事，同样，中国梦的实现过程也不会是两点间最理想的一段距离。有得必有失，有失未必有得，取舍间，需要理性判断。不从实际出发，空想守株待兔，万事皆空；不脚踏实地，妄想一步登天，终为虚幻；不理性判断，幻想风平浪静，甚是不智！荣誉不会青睐懒散的集体，中国梦想成真绝不能只靠语言，最好的语言是行动！

军训前，是期待与兴奋；军训间，是落寞同疲惫；军训后，是从容和淡定。但毋庸置疑，军训确确实实让我们开始对人生规划进行思考，不得不说，军中的训练生活是痛并快乐着的！中国人圆梦的过程也是如此，没有一帆风顺，只有艰苦磨难；没有孤军奋战，只有并肩作战；没有永远的阴雨连绵，只要你我能坚持不懈，必能看到彩虹……

中国梦，中国人的梦，你我的梦。你我以国为荣，国必将以你我为荣。大梦中有你，小梦中有我，筑梦中必有磨砺，追梦中必有惊喜，我期待梦蕾绽放的幸福与精彩……

（指导老师/邓俊达）

一种生活，一个梦想

财经学院　许文华

时间似水流年，如火如荼的高三岁月已悄然远去，经历了高考的洗礼，我们来到了另一个城市，体验着不一样的生活——大学！

刚进入大学的我们，对一切都充满着新鲜感。军训，是我们大一新生必须经历的一段旅途，也终将会成为一段美好青春的回忆。

在军训中，我们生活在一个集体里，不能再按照自己的意志“为所欲为”，我们必须把集体的利益放在第一位，只有团结的集体才能形成无穷的战斗力！以集体利益为重，这是军训教给我们的第一课，也是我们实现中国梦所应具备的品质。

中国梦就是要实现中华民族的伟大复兴。这需要全体国民的共同努力，而我们年轻一代更是实现中国梦的主力军，不断提高我们自身的素质和能力是我们为实现中国梦应尽的义务。

在军训中，我们学会了怎样去融入一个集体，怎样更好地与人交流，更重要的是锻炼了自己的意志。我们不再像以前那样柔弱，我们的体质在坚持之后得到增强。因为军训，我们不再优柔寡断，变得果断坚毅；因为军训，我们懂得抬头挺胸是一种自信，更是体现中国人不轻易低头的一种气势；因为军训，我们都慢慢成长，更加清楚自己对中国梦的实现所应尽的责任。

军训，是一段短暂的生活，却播种了一个梦想。相信只要我们铭记，梦想的种子将慢慢发芽，最终成长为参天大树！

军训，一个梦想启航的时刻……

（指导老师/马俊华）

我的梦想开了花

商务管理学院　范素近

拖着沉重的行李进入大学校门，也拉开了和过去18年的距离，妈妈在电话那头问我，你的梦想还在吗?

我不敢想，尽管我最大的梦想只是要做一个快快乐乐的自己。轻轻地踮起脚尖，最先触摸到的是那令人不安的现实，陌生的一切把我弄懵了，这便是梦想已久的象牙塔吗?没有熟悉的朋友，也没有将自己捧在手心的家人。军训对我而言，简直就是“残酷”的代名词。僵硬的疲惫侵袭无助的身心，这种几乎被掏空的感觉好陌生。

入秋的凉风吹得我瑟瑟发抖。这是生命中第三次军训，在这陌生的地方，曾经美好的军队情结无法与内心强烈的排斥感抗衡，咬牙坚持的背后，有太多的不情愿和无可奈何，甚至有过当逃兵的念头。在营地度过的夜晚，被刻意忽略的脆弱总是很容易暴露无遗。而这脆弱，未曾被无情地传递到电话的另一端去，总是在放下电话后，一个人默默地惆怅，暗暗祈祷时间赶快过去。

曾经一遍又一遍地问自己，这是你想要的吗?

早上太阳升起，当周围的同学开始抱怨天气、抱怨训练强度、抱怨不通人情的教官时，我的视线开始由模糊变得清晰起来。远处教官年轻的脸庞微微抬起，对着温暖的阳光扬起嘴角，张开又闭上的双眼像在享受舒适的温度。多么年轻又充满朝气的脸庞，二十出头的样子，恰好是生命中最好的年华。我伸出右手，在左手画出梦想的影子，或许，在积淀流年记忆的青春里，还有更值得去做的事情。就像现在的我，沉溺在现实的灰暗里无法自拔，丢掉了重新拾起好心情的勇气，这是不是一种最不应该而又最糟糕的状态？

日子似乎开始变得光芒四射。军训对我而言，就是一场神圣的洗礼吧。眼里看到美好的事物，才会更坚定地去走想走的路。每天训练结束，躲在角落默默地望着镜子里的自己，像个天真的孩子，用舌尖舔着嘴角残留糖果的余味，满足地轻扬唇线。在大学里，我的新生活才刚刚开始，军训的洗礼过后，软弱的我是该重拾被丢弃的梦想，做一个真真正正快乐的人了。

快乐，像水晶的梦想，绽放出炫目的光华，在岁月中静静开出美丽的花瓣……

（指导老师/陈伟芳）

大学里的中国梦

数字媒体学院　成振锋

为中华之崛起而读书。

——周恩来

“为中华之崛起而读书。”依稀记得第一次看到这句名言是在小学校园的名言墙上，字不大却深深地烙在了我的心中，不曾忘记。

十二年的寒窗苦读，最后就是为了等待那人生的转折点——高考。我还记得高考前的白日梦，晚上的梦，都是考上理想的大学，拥有一个美好的未来。不过，事情的结果总和自己想象的不一样，我没考上理想的大学，落榜了，来了一间以前并不了解的大学，也许一个梦的破碎就是为了编织下一个梦做准备。

军训，让我明白一个道理：想要实现自己的梦想，要靠努力而不是幻想，要靠行动而不是空谈。当踏进大学校园的那一刻，我就告诉自己我要在大学达到的目标：考过英语四六级，学好专业课等。顾城曾说过：“黑夜给了我黑色的眼睛，我却用它寻找光明。”真是逆境让我们有了前进的动力，更让人萌发了中国梦。

当我来到军训基地的第一天就认识到，我将会获得美好的军训回忆。教官的严厉让我发自内心地紧张起来，加上枯燥辛苦的训练确实对身心的磨炼很大。有时候，我确实在思考军训到底为了什么，为什么要使自身受苦受累。但军训确实让我收获了许多，除了对精神意识有了很大的磨炼，也使身体得到了锻炼，更让我逐渐明白到国防对中国梦实现的意义。

这不，军营里掀起了“中国梦”系列教育活动，让我感触良多。何为中国梦？个人觉得中国梦的内容，范围很广大，不必一一细说，可中国梦的内涵，每个人都可以理解。中国梦，就是中国人的梦，是中国发展富强的愿望；中国梦，就是中国人心中那一份对祖国的热爱；中国梦，就是中国人发自内心的自信。当然，中国梦也是中国对自身发展道路的一种探索。米兰·昆德拉写过这样一句话：“永远不要以为我们可以逃避，我们走的每一步都决定着我们最后的终点。”不可否认，我们当下的确出现了一些问题，民生问题、公信力问题、社会道德问题、信任危机。这个时候，中国梦的提出引发了社会对中国发展问题的讨论。中国梦的出现也给社会带来了正能量，激荡了每个中国人心中那份爱国的情怀。

有人说，中国梦就是让人民吃好住好，生活更美好；有人说，中国梦就是中国更加富强，又好又快发展；有人说，中国梦就是国家不再受主权、领土的侵犯。而我认为，中国梦就是国家发展富强，不受侵犯，人民生活安定幸福。

翻开历史的卷轴，我们知道落后就要挨打的道理，近代中国遭受到西方列强的侵略，国防力量不强是一个重大原因。因此，对青少年的国防教育，是增强国防力量的必不可少的环节，这为中国梦的实现提供强大的后备力量。邓小平爷爷说过，教育要从娃娃抓起。军训对青少年的发展起着重要的作用，这时候，中国梦就代表着中国国防教育的完善，国防力量的不断增强。

军训的第四天，基地展播了电影《刘老庄八十二壮士》，当我看完这部电影以后，心灵受到了巨大的震撼。那些中国军人、共产党员，那份对祖国大地的赤子之心，让人不得不由衷佩服。抗日战争时期，国家动荡不安，百姓流离失所，国家处于水深火热之中，但那时候，有志气的中国人都有一个中国梦，为中国的复兴奋斗，为中华民族的解放而奋斗。为了这个中国梦，无数的革命先辈用他们的青春和热血奋斗到牺牲，无怨无悔；为了这个中国梦，无数的革命军人面对配备精良武器的敌人，也敢奋勇向前冲锋。

时代在改变，中国梦的内容可能会有所不同，但是我坚信，中国梦的精神一直都在。抚今追昔，中国面临着良好的发展机会，经济全球化为中国发展提供了契机，政治多极化趋势的局面也为中国发展提供了良好的国际环境。所以，我坚信新时代的中国梦在不久的将来就会实现。

中国梦，中国人的梦，你我的梦。

（指导老师/汪常乐）

我的中国梦·军训

交通与环境学院　吴婉仪

雄赳赳，气昂昂，我们是国家的朝阳。山河重整，故土返归，我们为这壮丽的盛世景观而欢呼。

——题记

“严格要求，严格训练，提高警惕，保卫祖国”。进入国防基地，这16个大字便映入我们的眼帘，我们紧绷着的心像箭一般飞出去。我们知道，属于我们大一新生的军训，正式拉开帷幕了……

大家一手拖着五颜六色的行李箱，一手提着装满洗发水、沐浴露、润肤露的水桶，肩上背着沉甸甸的背包，稚嫩的脸上露出褪不掉的孩童般的笑颜，偶尔滴落几颗豆大的汗珠，脚踏在这一方温热的土地，内心的兴奋也澎湃高涨。

一米八的身高，古铜色的皮肤，犀利的眼神，魁梧的身材，他刚正挺直地站在我们的面前。大家不用猜也知道我笔下的这个男人是谁了吧？是的，我们军训八班“女汉子”的头儿——荣。第一次见面，秦教官就让我们休息，一大帮女生围坐在水泥地上便聊得天花乱坠，这就是女生的天性。晚上洗完澡到训练场集合，一大帮女汉子席地而坐，起先，大家先后上台介绍自己，后来，荣也加入了我们自发的见面会。当然，关于那一晚他说的一切不属实的内容，后来赤裸裸地在灿烂的阳光底下被戳穿。“荣是90后。”“荣还没结婚。”“荣上过军校。”在我眼前的这个男人，和我们之间年龄的差距微乎其微，然而他的经历，比我们当中任何一个人的经历都要惨痛。不管以前怎么样，现在我们在一起训练，便是你我的缘。直至第三天，荣看出了我们的慵懒和颓废。刚刚还是万里晴空的脸，一下子乌云密布，伴随着超强台风而来。因为我们这两天的“无所作为”，荣受到上级的批评和200个俯卧撑的惩罚。从那个时候开始，我们决定不让自己堕落！

接下来的七天，荣用最高标准训练我们这一帮女兵。三天教踏步、齐步，七天教正步。在踢正步的那些日子，教官使尽一切办法帮助我们拉脚筋。每天早上六点多，我们压坐在自己的腿上，我们前压腿、后压腿、侧压腿、定腿……几天的压腿，让我们连穿裤子抬腿都疼痛难忍，但这毕竟是军队，我们要“体验军旅生活，磨炼军人意志”！军训期间，我们有时候下午上军事理论课、听专题讲座，晚上开展各种拉歌、演讲、辩论赛等形式的中国梦教育活动。在场的同学都全神贯注地用心在听，在记。渐渐地，我们从普通班发展成为示范班。大量的体能训练，让我们懂得真正的“饿”是什么样子，真正的累是什么样子。日子到了最后两天，借着昏黄的灯光，八班的“女汉子”们又围坐一团，荣给我们献上一曲《无所谓》，那沧桑又有磁性的声音再配上他的经历，真的很合适。最后一天，我们成功地展示了女兵团的精彩，为全校献上了最有看点的演出。结营仪式完毕，我们追逐着，打闹着，彼此都乐呵呵地笑着。

汗水从脸颊滑落，滴在地板上，破碎成万千碎片，碎片里映照着我们被斜阳拉长的身影，疲惫浮现在每位同学的脸上。“辛苦”一词真切又不做作地形容了我们这十四天的军训。虽然军训只是我们漫漫人生路上的一小段旅程，但它确实能让一个人成熟许多，我们的收获也真不少。

（指导老师/潘正钦）

我谈强军梦

数字媒体学院　黄俊红

承载着红色梦的绿色，装饰着明天梦的现在。

——题记

军队是一个国家强大的基础和资本，自从习近平总书记提出中国梦后，那曾经遥不可及的迷彩更是揭开了那一层层神秘的面纱。中国梦，强国梦。

在此之前，我也军训过，对军训的认识是苦、累，只是去受罚吃苦，一点用都没有。直到来到大学军训基地一天，两天，三天……我慢慢发现军训不只是军训，军训让我们磨炼精神，磨炼意志，承受自己以前不可能经受的磨炼。

军训是艰苦的，但也使我们进步了。站军姿最能磨炼我们的意志，在烈日下，我们虽挥汗如雨，但一直坚持下来；踢正步使我们领略到军人的风范，从而更向往那绿色的迷彩，坚定了保卫国家的信念。吃饭的仪式，让我们明白集体与纪律的重要。正步，是我们训练最难的科目之一。这一次没有抽到我们学院练拳，虽然已经很庆幸，但是正步依然不轻松。我们现在才刚开始练，更是累，只有打好基础才不会累，不但不累，走得还很轻松。特别是正步定型常常让我们苦不堪言，我们只有坚持努力，才会获得成功。军训期间有一堂讲座让我明白了军训不是为了军训而军训，而是为了国家的繁荣富强，每个人应尽自己的一份责任。

现在，军训进行了三分之一，我已经学到了很多东西。其中的精神跟中国梦一样。中国梦里的思想就像军人的思想一样，为国家，为人民。中国梦里面的目标就像军人的目标，中国梦的目标是到中国共产党成立100周年时全面建成小康社会。而军人的目标是保家卫国，保护人民，只有保卫祖国和人民，才有可能实现中国梦。同时，人民解放军也离不开中国梦，两者都是相依的。

在这军训期间，我们流的每一滴汗水都是值得的，每一个细节我都会记住。军训虽然艰苦，但是我们的身心得到了最好的磨炼。我不会忘记这次军训，不会忘记那绿色迷彩在烈日下闪耀的情景，它将成为我人生的宝贵财富。

军训，那绿色的迷彩承接着火红的中国梦。它激励我们奋发向上，为实现中华民族的伟大复兴而奋斗终生，这是我们每个中国公民的责任，为了这份责任而勇于担当。

（指导老师/刘 礼）

军旅追梦记

交通与环境学院　吴凤仪

春天的花娇艳动人，那是含苞欲放的渴望；夏天的树枝叶婆娑，那是生机勃勃的向往；金秋的稻子低垂着头，那是沉甸甸的等待；严冬的雪漫天飞舞，那是晶莹的遐思和畅想。望着灰色朦胧的天空，想起了离开基地的那一天，天空并没有下着雨，我的心却如落雨般湿漉漉的，带着自己的行囊登上返回信息学院的客车，带着许多的不舍离开了基地。透过模糊的车窗看到了前来为我们送行的教官们，我向着他们挥手，为彼此留下我们最快乐的笑容。虽然教官认为眼泪是艰苦军事训练的必然衍生品，但是我们还是不经意间留下了对彼此难以割舍的泪珠。

将近半个月的军训生活让我们每一个人都成长了很多，也懂得了许多做人的道理。在军旅中，我们学会了坚强，学会了包容，学会了去体谅他人，更多的是磨炼了我们的意志，锻炼了我们的体魄，军训也让我们更明白了不放弃不抛弃精神背后的含义。军训是我们成长路上一道绚丽的风采，为我们谱写自己的人生新篇章增添了不一样的精彩！

“中国梦”有着深刻的含义，有着不平凡的力量，能带你走向未来，带你冲向成功的彼岸。每一个人都有自己的梦想，然而每一个人的梦想都必须要以国家的强大为后盾，因为每一个中国人的梦想汇聚在一起就是我们的中国梦。在军旅中，作为一名女兵，我也领悟到了中华优秀儿女所担当的历史使命和深厚的民族责任感，比如花木兰从军、穆桂英挂帅，她们的精神品质毋庸置疑是崇高的民族精神支柱，让我明白新时代的巾帼应有的坚强和不畏艰苦的精神。

我们的中国梦走的是和平发展的道路，现在我国经济飞速发展，综合国力日益增强，国际地位显著提高，为国际和平事业和人道主义事业做出了巨大贡献，比如派军舰为商船护航，派医疗舰船为受自然灾害的国家进行人道主义救援等等。

翻开历史的篇章，我们的祖国母亲在岁月的长河中，一步一步艰难地挪动着脚步，经历了风霜雨雪，历经苦难坎坷。那时候每一个中国人都想自己的祖国强大——祖国强大了，我们才能过上幸福的生活。先有国后有家，中国近百年的屈辱史是我们不能忘记的，抗日战争的胜利、解放战争的胜利、改革开放的巨大成功等一系列成就让中国人民骄傲和自豪，中国人民从此站起来了，这是我们革命先烈执着追寻的中国梦啊！我们当代大学生是新一代天之骄子，将用生命之火点亮祖国前进的灯塔，用青春的热血浇灌祖国盛开的花朵，用嘹亮的歌声编织祖国美丽的彩霞。经过新一代的艰苦奋斗，祖国将像巨龙一样腾飞，繁荣富强。上一辈人的梦想已经实现了，我们这一辈人将接过老一辈的革命者奋斗的火炬，为了祖国而乐于奉献，勤俭节约，甚至奋不顾身，贡献出自己的一切。

“少年智则国智，少年强则国强。”虽然今天的我们不需要经历战火的洗礼，但是我们有责任去弘扬民族精神，为伟大的祖国母亲而努力，为伟大的祖国母亲而奋斗，为祖国的一切贡献出自己的力量。虽然一路走来会很辛苦，但也无怨无悔，因为我们时刻有祖国在心中，也时刻在努力奋斗着，同时我们用自己的中国梦来铸造属于自己的辉煌梦。

“雄关漫道真如铁”，是对梦想的追求；“而今迈步从头越”，是对梦想的执着！为了响应时代的号召，为了美好的明天，为了光荣的未来，让我们在伟大中国梦的指引下，前进！

（指导老师／房昱）

梦想启航

软件学院　刘伟鸿

世界上最快乐的事，莫过于为理想而奋斗。

——题记

一滴滴汗水，一点点成长，无坚不摧的精神，在大学的军训里，我们逐渐成熟；在大学的军训中，我们学到了在学校所学不到的知识；团结就是力量，学到的精神就是毅力和坚持。

每个人的梦想都承载着许多的故事。在追逐梦想的道路上，有的人被外界以及自身的各种因素所左右，不得不放下自己远大的梦想；而有的人只有三分钟热度，心态没摆好，意志不够坚定，半途而废，从此堕落下去。

每个人的梦想都不一样，追逐梦想的道路是曲折的，但前途是光明的。梦想，是用汗水累积而成；梦想，是在专注的情况下升华而来；梦想，是为有准备的人而存在。

梦想，是用汗水累积而成。我们穿上迷彩服开始为梦想而奋斗，每天清晨出来训练，上午、下午、晚上训练紧密，中间只有短暂的休息，衣服总是被汗水浸透，之后又被太阳晒干，被风吹干。偶尔也想偷个懒，可是当我看见同学们的坚持，我就告诉自己，别人能做到的，我也能做到。在完成每件事之前都要有“饿其体肤”和“空乏其身”的精神，才能无愧于心。

梦想，是在专注的情况下升华而来。军训生活要严守纪律，军队的精神就是“坚持、坚持、再坚持，服从、服从、再服从”，但如果实在支持不下去，一定要休息，不要硬撑，防止出意外。教官说过要养成哨声意识，不得开小差，摆头如闪电。有人做错就要自觉遵守游戏规则，那就是体能训练。每个人必须要为自己负责任，一个人错了，那会导致整个集体都错，在军训中只有集体没有个人，不允许将个人情绪带入集体。作为一名大学生，在烈日的炙烤下我们必须像一棵松树般挺立，挥洒着我们的无悔青春。

梦想，是为有准备的人而存在。我为这次没有参加军训的同学感到非常的可惜，军训的日子，说长不长，说短不短，但在此中受益匪浅。都说“军训一阵子，受益一辈子”，虽然很苦很累，但这未尝不是一种人生体验。在军训中，我们同甘共苦，克服了重重困难，我们踏着铿锵有力的步伐，领略到了军人严肃而威武的风范，感受到了军旅的酸甜苦辣。我们虽然累但是也很快乐，这也为我们以后的生活奠定了基础。

梦想像一艘船，承载着许多人漂向远方，为自己的梦想打拼；梦想也像海洋，你有多大胆，海洋就有多宽，你的梦想就能走多远；梦想还是路灯，照亮你前方的路，让你不会感到黑暗。

让梦想启航吧！同学们，让我们成为梦想之船的驾驶者！

（指导老师／梁海琴）

我平凡，我有梦

应用外语学院　郑丽纯

人生因有梦想而高飞。我很平凡，但我有梦，有我的中国梦。

梦想是什么？在贝多芬眼里，是拥有能够倾听音乐的双耳；在霍金眼里，是拥有健康完整的身体；在陶渊明眼里，是不为五斗米折腰的志气；在袁隆平眼里，是研究杂交水稻的毅力；在毛泽东眼里，是创建新中国的宏图壮志；在我眼里，梦想就是中国梦，就是祖国的强大、繁荣和富强。军训如初，爱我中华。

中国，经历了几千年的风吹雨打，才最终崛起。中国所有的一切都如婴儿般纯洁美好，同时也如婴儿般脆弱渺小……那时那刻，中国最迫切需要的是强大力量的支撑，为中国抵御外敌不安分的骚扰……

因此，为了保卫我们的美丽祖国，为了守护我们的新中国，我们需要坚强刚毅的意志和健康的体魄！

“军训一阵子，受益一辈子。”结营仪式上这句话一直萦绕在耳边，久久不散……我们渐渐褪下了温室花朵的稚嫩，蜕变成蓄势待发的先锋队，我们是祖国未来的顶梁柱，国家建设的前卫军，我们应该参加军训，体验军训，体验中国梦！我们在军训中锻炼了体魄，磨炼了意志，培养了耐心、细心和恒心，也拥有了集体荣誉感！军旅生活中每一时每一刻都在彰显华夏子孙的勃勃生机，每一分每一秒都体现了我们刻入脑海的中国梦……

站军姿，是挺直向前，屹立不倒的中国梦。

踢正步，是昂首阔步，士气高涨的中国梦。

打军体拳，是雄心壮志，勇往直前的中国梦。

练倒功，是永不言败，越挫越勇的中国梦。

打哼哈拳，是孔武有力，不畏强权的中国梦。

在严厉的教官面前，在铁的纪律面前，在如同父母的学校领导和老师面前，我们了解了中国梦，熔铸了中国梦，弘扬了中国梦！我们虽然只是一名普通的学生，不是大人物，但我们也有中国梦！

“不是杰出者才做梦，而是善做梦者才杰出”。梦想是对自己的期许，梦想是对未来的承诺。

“雄关漫道真如铁，而今迈步从头越”，即使梦想是一场注定孤独的旅行，路上布满荆棘和坎坷，我们也无所畏惧，因为这是我们的时代，建设社会主义新中国，实现中华民族伟大复兴的梦想要由我们来实现。我们拥有中国梦，拥有实现中国梦的恒心，拥有实现中国梦的体魄，才能真正实现中国梦，才能真正做到人民当家做主，民富国强！

我平凡，但我有梦。我们是苍茫宇宙中渺小的存在，渺小的力量凝聚在一起，威力强大无比！军训如初，爱我中华，爱我中国梦！

（指导老师 / 吴金蕊）

筑梦·筑防

软件学院　潘淑婷

梦想只要经过奋斗，就可以变成现实。对此，我从不怀疑，并且在军训后更加坚信。我的中国梦不是寄托于凭一己之力去改变世界，不是创造可观的经济效益，不是接受外国媒体给予的纸上荣誉，它是属于我这个平凡但心怀为国防作贡献的中国人。

在许多人的印象中，国防只有在战争年代才值得重视，在这个和平的年代里便显得多余。在参加军训前我也是抱着如此想法，认为国防只与军队和政府有关。但军训时的国防教育让我明白：国防是一个国家的根本，强大的国防是国家、民族生存与发展的基本条件，人民群众是建设强大国防的力量源泉。

国防教育让我醍醐灌顶，让我明白了它其实与每个公民息息相关。大学社团私自聘请外籍人员教学导致学生误入传教歧途，自毁前途，危害国家；学生受托携带机密文件过境而触犯国家法律，懵懂不知，以致入狱；为提高学术能力，助人勘察地形居然会引发国家安全隐患等鲜活却不被人重视的国防安全案例真让人触目惊心。更让我明白了国防建设需要更多的人去传播和努力，激发了我欲投身国防教育事业的中国梦。

军训的日子虽苦，但“良久有回味，始觉甘如饴”。军训结束，我学会了如何面对挫折，踏平坎坷，如何在日后的人生路上披荆斩棘，战胜困难。古人云：“有志尚者，遂能磨砺，以就素业。”军训是一种人生体验，使我们的意志越磨炼越坚毅，而我也在享受着、成长着……从军训中学到的一切，必对以后的为人处世和国防梦奠定了坚实的基础。玉不琢不美，人不磨不灵，我付出了辛劳，但同时也收获了更多：坚强、奉献、节俭、尊重、感恩……风雨洗刷着肌肤，让年轻的脸庞褪去了青涩，军训不仅是体能训练，更多地教会了我们坚持、忍耐和团队合作，让我们拥有使命感、目标感和责任感。而这些都是从事国防事业人员必不可少的内在条件。

投身伟大的国防事业，为祖国的发展赢得崭新的明天，为维护国家的安全、保卫国家的领土完整做出贡献，当国家安全问题的综合性、复杂性、多变性的趋势不断增强，我愿献出自己的微薄之力帮助祖国国防进一步强大，我的中国梦，一个简单朴实但存在挑战的梦。

（指导老师/邵志强）

我的梦，中国梦

数字媒体学院　陈志航

梦想是每一个国家，每一个民族乃至每一个人都需要的一种精神皈依。梦想的力量是巨大的。

鲁迅因为梦想而弃医从文，才成了后来的大文豪；孙中山因为梦想才会带领人民反抗清朝政府，才会使中国步入一个新时代，结束了中国两千多年的封建帝制；毛泽东因为梦想，果断站出来带领人民群众反抗国民党政府，抵抗日本政府的侵略，才会有新中国的成立。梦想的力量是强大的，因此是每一个人所必须拥有的。只有人人都拥有梦想，祖国才会日益强大，日子才会越来越美好。

人民群众想要过上平稳幸福的日子，那就必须要有军人的保护，所以一个军人更需要梦想。作为一名参加军训的大学生，梦想更是必不可少的。在军训的这几天中，我深刻地体会到了军人的气魄，认识到了部队纪律的严格和军事训练的艰难。这更加坚定了我的梦想——为了祖国的建设贡献自己的一份力量。

为祖国贡献自己的力量是我深藏心底的梦。在国防教育基地军训的这段日子里，我深深体会到了训练的艰难辛苦，体会到了体能锻炼的辛酸苦辣。我偶然会闪过放弃的念头，但是为了我的梦想，我坚持了下来。因为这一点点的苦都熬不下来，那么还谈什么梦想呢？而且我现在的训练和部队里的军人相比起来，只是小巫见大巫，连这点艰难都坚持不下来，那么我还怎么坚持我的梦想？

坚持梦想，实现中国梦，需要学会奉献。在军训日子里的一个晚上，集体组织看了电影《刘老庄八十二壮士》。在这部电影中，白连长为了营救平民百姓，为了给部队的撤离争取时间，与日军大部队拼命，死守刘老庄，甚至不惜牺牲自己的性命。白连长这种为了人民群众的安全而不惜牺牲自己的无私奉献的精神深深地打动了我。坚持我的梦想，需要的不正是这种无私奉献的精神吗？有了无私奉献的精神，才能使我的梦想变得不再自私，变得不再渺小，才能更好地实现我的梦想，才能更好地实现中国梦。

军训的日子在不知不觉中越来越少，但我想学的东西还有很多，实现我的梦还有很遥远的路要走，我希望在军训中所感悟到的，能帮助我在实现梦想的路上走得更坚定更好，在实现中国梦的征途上不停地迈向前方。

（指导老师/汪常乐）

青春因奋斗而精彩

电子与通信学院　王晓蝉

席慕蓉曾说过："青春的美丽与珍贵，在于它的无邪与无暇，在于它的苦而不可求，在于它的永不重回。"然而，有不少年轻人认为，青春的美丽与珍贵，在于那时他们正值年轻，有年轻的外表，年轻的心境，年轻的干劲，有对未来的期许，对梦想的执着。更重要的是，年轻的我们不怕失败，我们勇于为梦想而奋斗。

在为期十四天的大学军训里，每天都要站上半个小时的军姿，而且还要目不转睛地看着前方。因为教官说这可以提高我们的耐心和专注力，那么以后无论学习还是工作都会做得更好。练军姿靠的是自身意志的集中和对身体的控制，军姿能反映一个人的训练态度，我们必须集中精神。这次军训让我们收益很多，提高了自己在任何场合下的注意力，提高了对事物的耐心程度，提高了准确的反应能力。而且让我记忆最为深刻的一句话还是训练中的那一句："合理的是训练，不合理的是磨炼。"所以，我们不能去逃避训练，而应该去接受它，并做好它，从而得到更多的"磨炼"。

古人云："人贵有志，当志存高远。"每个人都有一份属于自己的志向，也许远大，也许平凡。但要实现志向就要努力奋斗，向着目标前进。优秀班级，是每个军训班级都梦寐以求的。大家都向着这个目标前进，不断地训练，努力配合，争取做到整齐统一。虽然这样会很辛苦，但是不辛苦又怎么会成功呢？不经历风雨，又怎能见到彩虹呢？有句话说得好："宝剑锋从磨砺出，梅花香自苦寒来。"是的，人们总是在不断磨炼中成长，经过无数的坎坷才能炼出一身正气，所以，不能放弃，大胆向前走。风雨过后，便是晴天，在那一刻，便会有美丽的彩虹出现在我们眼前。

人活着就要勇敢地向前，不断奋斗，不断进取，去寻找属于自己的一片天地。为了班级荣誉，为了“优秀班级”的称号，大家都变得很团结，一起努力训练，为了目标向前进。虽然军训的过程很苦很累，但是军训的日子我们过得很充实，而且还让我们的同学情变成了战友情，这是我们从未经历从未体会过的。青春本应该如此，为了实现目标而努力奋斗。我们的青春因为有这一段军旅生活而变得激扬奋发，我们的青春因为有了汗水的洗礼而变得坚韧不拔。

因为年轻，我们奋斗；因为奋斗，我们永远年轻。奋斗着，是呐喊的青春；奋斗着，就有不灭的希望；奋斗着，就有成功的可能。

大学的青春时光是用来奋斗的，不光是学习要奋斗，军训也要奋斗，锻炼自己各种能力也需要奋斗。现在，青春是用来奋斗的；将来，青春是用来回忆的。

青春花季中我们将五彩的梦想放飞在奋斗的天空中，用燃烧的激情当作前进的明灯，指引我们前进，无悔的青春岁月里，用奋斗渲染青春的画卷。

（指导老师／邓俊达）

军之梦

财经学院　古灵玉

细细回忆我们这段时间的军训生活，一种潜藏在心中已久的感受便油然而生。的确，军训是辛苦的，但却辛苦得美丽，辛苦得动人，辛苦得让人难以忘怀。

曾经，我们很费解。为什么要我们参加军训？因为我们仅仅是学生，而不是士兵。无疑，“中国梦”给予了我们最明确的阐释。强军梦包含于“中国梦”，当强国梦胜利实现时，“中国梦”离我们也就不远了。而我们大学生是国家国防军队的后备人员。正如梁启超所言：“少年强则国强，少年富则国富，少年独立则国独立，少年自由则国自由，少年进步则国进步，少年胜于欧洲则国胜于欧洲，少年雄于地球则国雄于地球。”军训是锻炼我们的身体，磨炼我们的意志的一种方式，是为“强国梦”培育出强壮的栋梁之材的有效途径。所以，军训的重要意义显而易见。

军训，让我们真正地体会到累。它的辛苦和劳累，是在磨炼我们像松树一样坚挺向上、不屈不挠的意志。它带给了我们一种尊严，一种力量，一种不向任何人卑躬的品质。短短的军训生活，教会我们的恐怕不只是那稍息立正的军式训练，更多的是，它让我们接受了一次意志的沐浴，精神的洗礼。它教会我们什么是坚强的意志。那笔直的腰身，挺起的胸膛，昂扬的士气，告诉我那是军人的飒爽军姿；那骄阳下伫立的身影，那汗水中神采奕奕的双眼，那支撑着沉重身躯却依旧丝毫未动的双腿，让我为之震撼，为之感动。

在这片天空下，我看到了一群有着坚定的信念，刚强的意志，正直而不失潇洒，严肃而不失幽默的教官们。他们以“强国梦——国家强大”为梦想；以捍卫中国梦的核心“实现中华民族的伟大复兴”为己任。他们教导我们团结就是力量，共同富裕、国家富强指日可待；他们点燃了我们心中的中国梦并告诫我们要传承下去！

军人，有着铁一般的纪律；军人，有着钢铁般的坚强意志；军人，有着伟大而崇高的梦想！

（指导老师/黄桂玲）

反省中的收获

计算机学院　刘文彬

今天是开营军训的第一天，经过一天的训练、开会，我们开始对军营的条令、条例有了基本的了解。晚上，结束训练后回到宿舍，由于很多人洗澡所以排了很久很久的队，因为动作慢，我较晚才洗完澡。这导致洗完衣服后，无法按时就寝。我从走廊上“走”回宿舍，当时并没有清楚认识到自己的错。走进宿舍，我并没有迅速找到衣架，迅速把衣服晾完，然后回去睡觉。教官制止了我懒散的行为，并语重心长地批评了我一顿，我开始认识到自己行为的恶劣。

我的行为不仅影响了别的同学作息，也影响了班级的班风，更重要的，这不仅仅对不起身上的这身军装，而且玷污了人民军队的优良作风。首先，我对自己的行为表示忏悔，并作认真的反省和检讨，每天都自己反省，做到动作迅速，反应敏捷，按时作息，不迟到，不早退，队列站整齐，吃饭不说话，唱歌大声唱，严肃认真，严格训练，严格要求，严于律己。以一个军人的姿态，军人的态度，去训练，去学习。

从小，我就对军人有自己的认识，军人在我心目中是坚毅，勇敢，团结，有凝聚力的……这样的形象一直刻在脑海。我常常在想，为什么一个军人可以做到，而我做不到，就像这次没有按时作息一样，本来是一件很简单的事，我却没有做好，为什么别人能按时就寝，我会不够时间，我想了很久，找到了答案——因为我没有严格要求自己。找到了答案，以后我不会再为自己的错误找任何借口。就像第一天来这里，教官对我们说的那样，错就是错，不要找借口反驳教官，你要做的是认真改正错误。只有认识到自己的错误，我们才能去改正，去进步。

军训才刚刚开始，等待我们的是更残酷、更严厉的考验，同时，也是精神的考验。我会适应它，在不断的反省中提高自己觉悟，让军营的生活，在这短短的十几天里，成为我一生的财富。我认为，犯错误是很正常的事，每个人都会犯错误，但是，我们应该及时去改正错误，避免以后重犯，也希望同学们引以为戒，不再犯跟我同样的错误。我再次为我昨天的行为做出检讨，希望教官给我一个改正错误的机会。

（指导老师/陈晓萍）

我的中国我的梦

财经学院　张翠雪

怀着兴奋而期待的心情，大学军旅生活开始了。身穿迷彩服，头戴迷彩帽，脚着迷彩鞋，我们不再是温室的花朵，我们是军人，是“女汉子”，我们以军人的标准来严格要求自己。

仔细观察，不难发现：在实现中国梦的过程中，也可以从军训中学到一些道理。

军训是辛苦的。在猛烈的阳光下，头为炎热的阳光炙烤，脚踏酷热难耐的土地；日未出而作，日落了还不能息。但细想一下，这不就更能磨炼我们的意志、培养我们吃苦耐劳的精神了吗？假如我们连这点小苦都吃不了，又怎能保证我们在实现中国梦的过程中不会临阵逃脱呢？

在军训中，不管你是否愿意，只要是命令，你就得服从，绝对地服从；要听从教官的指挥；要严守基地的各项规章制度。为确保中国梦的实现，每个人都要遵守宪法和各项规章制度，在法律允许的范围内活动。

转体、齐步、踏步、正步等一系列军体动作，都强调整齐性，唯有全班同学团结起来，步调协调一致，才能提高动作的整齐性。中国梦，就是实现中华民族的伟大复兴，它凝聚了几代中国人民的夙愿，体现了中华民族和中国人的追求。在实现中国梦的道路上，中国人民要团结起来，众志成城共同为实现中华民族的伟大复兴而奋斗。

无论是站军姿，还是走齐步、正步，教官都要求我们抬头挺胸、目视前方。仔细品味一下，抬头挺胸，不是在教我们自信做人吗？目视前方，不是在教我们要时刻看到希望的曙光吗？我国仍处于并将长期处于社会主义初级阶段，人民日益增长的物质文化需要同落后的社会生产力之间的矛盾仍是我国的主要矛盾，中国梦的实现并不是一帆风顺的，其间会遇到很多困难，但只要对自己有信心，相信我们离目标也就不远了。

由此看来，军训和实现中国梦在做法上有许多相似之处。在实现中国梦的道路上，也可以从军训中借鉴到一些有益之处。

（指导老师/马俊华）

彩色中国梦

数字媒体学院　陈靖雯

梦，是虚幻的，是飘缈的。

从幼儿园开始老师就不停地问我们："你的梦想是什么?"何谓梦想？梦想即是梦中怀有梦想和理想。那时的我有许多的梦想，各种各样，但是随着成长我的梦却汇聚成中国的色彩——彩色中国。

中国梦——色彩

中国梦对于我们来说并不陌生，初中，高中，甚至有的小学也要来上一课。我们每次讲到中国梦总会热血沸腾，如果说中国梦给人的印象要用颜色来形容，那绝对是红色，中国红。但是过后回想又会觉得它不应该只是一种颜色，它是彩色的，它没有定义。中国梦有汗水，泪水，甚至是血水，各种酸甜苦辣全部汇聚一起，再一想，那是绝对的精彩。如今，在追求中国梦的旅途中也融入了军训的色彩。

绿色——希望的颜色，同时也是军人的颜色。我们作为国家一分子，作为公民，我们应该竭尽所能完成我们的义务。我们在国防基地接受各种磨炼是在为国防建设加入一股新力量，为国防注入新鲜血液。训练场上一个个绿色的方阵是祖国的希望，是祖国的未来，在国防基地的训练让我们领略了军人严谨的作风，也让我们感到自身肩负着实现中国梦的责任。

红色——挂顶的骄阳，能够让人退避三舍，但却无法炙退我们的无限潜力与活力。在火辣辣的骄阳底下我们坚持训练，铿锵有力的口号喊起来，整齐的步伐踏起来，坚毅的脸庞仰起来，教官一遍遍地指导，喉咙火辣辣的感觉，虽然难受，虽然痛苦，但是这一切的一切让我们心中充满了奋进与希望，更是给中国梦注入鲜红的血液。

黑色——绝望的颜色。当我们被教官“奖励”时，那种感觉就是天地一片昏暗，日月无光。而在各种训练过后，当我们在黑暗中看到一丝中国梦的曙光，我们就不再惧怕困难，不再害怕疼痛，而是更加努力地向着光明前进，向着梦想奋发。

粉色——让人感到温馨。在训练中，教官会因我们的身体状况而适当调整休息时间，休息时，教官让我们到阴凉的地方。早上凉风阵阵时让我们到温和的晨光底下，站累了会让我们适当地放松，这种种细微的关心在平时可能不易察觉，但在训练时却让我们无比感动，仿佛一缕清泉流淌心中。

虽然军训真的很苦很累，但是让我们收获累累，有汗水，有泪水，全都成为我们心中的回忆。这一切更让我懂得珍惜现有的一切，用现在的一切去完成我的梦想，我的中国梦。

（指导老师/李晓）

中国梦，梦想启航

应用外语学院　何敏丽

今天，我们踏上一段新征程，接受军训教育，培养我们独立的人格。那句耳熟能详的名言一直在我耳畔回响：“少年智则国智，少年富则国富，少年强则国强。”祖国的辉煌需要青少年去创造，中国的梦想需要青少年去放飞。我们深深地懂得：“天地苍苍，乾坤茫茫，中华少年，顶天立地当自强！日出将来之少年中国也，则中国少年之责任也！”

来到军训基地，鲜红的条幅迎风飘动，十六个大字格外耀眼：中国梦，强军梦，教育梦，成才梦，梦想启航！这十六个大字深深地拨动我们的心弦。在迎着晨曦的第一缕阳光，穿上迷彩服的那一刻，我们就仿佛感受到了作为一名军人，身负国家安危的那份责任是那么的沉甸甸。我们对军人无限崇敬，我们立下誓言：严格训练，严格要求，提高警惕，保卫祖国。因为我们不想在如果国家有危难时却手足无措。地震时，我们没有强壮的体魄，怎么到前线去抗震救灾？洪灾时，我们没有担当的勇气，怎么到灾区去抢救伤亡？雪崩时，没有自信的力量，怎么到现场去铲除冰雪？在灾难面前的一切无助，就因为我们没有受过训练，身差体弱，力量微小。

现在，军训基地已经成为我们青少年的梦想启航点。“古之立大事者，不惟有超世之才，亦必有坚忍不拔之志。”我们奋发图强，强壮心智，拒绝在灾难面前无能为力。中国梦，少年魂，青少年是祖国未来发展的中流砥柱。我们向往着军人的硬骨傲苍穹，笑傲风霜雪，我们想为祖国添砖加瓦，加快祖国复兴的步伐，实现中华民族的伟大梦想。

迎着风沙，我们不停奔跑，不断训练；忍受寒冷，我们加强体能，笑傲苍穹，磨炼意志。我们要成为沙漠里的白杨，屹立沙场，强风吹不倒，艳阳灼不死，茁壮顽强。“壮哉！我中国少年，与天不老，美哉！我中国少年，与国无疆。”我们始终坚信，有一天我们可以成为中国军人中的一员，拥有强健的体魄，坚韧的意志，为中华民族的伟大复兴添薪加柴，高举复兴的火炬！

“故今日之责任，不在他人，而全在我少年！”日新月异的新时代，中华民族生生不息的强军梦，经久不衰，永垂不朽，中国青少年承载着它，在此刻，让我们的梦想飞翔！

（指导老师/郝佳）

中国梦　青春梦

商务管理学院　李曼琪

“每个人都有自己的理想和追求，都有自己的梦想。现在，大家都在讨论中国梦，我以为，实现中华民族伟大复兴，就是中华民族近代以来最伟大的梦想。这个梦想，凝聚了几代中国人的夙愿，体现了中华民族和中国人民的整体利益，是每一个中华儿女的共同期盼。”

——习近平

每个追梦者内心都有一股油然而生的动力去督促自己前进。中国梦也具有三大动力：一是追求经济腾飞、生活改善、物质进步、环境提升；二是追求公平正义、民主法治、公民成长、文化繁荣、教育进步、科技创新；三是追求富国强兵、民族尊严、主权完整、国家统一、世界和平。当内心充满动力时，我们才更有勇气、更有力量去踏出实现梦想的步伐，而当面临各种艰难的任务和挑战时，因为充满动力，信念变得更坚定，头脑变得更冷静。

梦想照进现实，关键在于行动，在于实干。今天，在国防教育训练基地上，教官不辞辛劳地教我们转体、齐步走、正步走的动作。青春，是五彩缤纷的，只有历经百态人生，方能体会其中的酸甜苦辣。为了实现青春梦，我们顾不上头顶上的烈日，顾不上早已浸湿的军服，顾不上早已嘶哑干渴的喉咙，一步一步地体会着教官的谆谆教导。军营的生活也有属于它的诗情画意。天蒙蒙亮，我们早已准备就绪，严阵以待。嘹亮的军歌中，我们迎来太阳的光辉；烈日下，我们接受着严厉的训练；树荫下，不乏我们欢乐的军歌声；主席台前，我们亲爱的教官、领导对我们孜孜不倦的教诲；篮球场里，有我们敬爱的武警战士、教官给我们上课；月光下，我们在电影银幕前领略军人保家卫国、站岗执勤的风采！

军训，对我们而言是一场艰巨的硬仗，但有时也含有喜悦的感情。一开始，我总以为军训会很苦很累，十四天的光阴却让我懂得疲惫的身躯背后是体格的强健、精神的震撼、品格的提升和意志的坚定。

少年强则国强！每个少年都有自己的青春梦，如果我们都能将自己的青春梦与中国梦联系起来，中华民族的伟大复兴一定能早日实现！

（指导老师/钟文苑）

少年中国梦

软件学院　张楚韬

十月深秋，凉风习习。凝望那鲜红的旌旗迎风飘扬。五星红旗，您那舞动的身姿，是如此的唯美，如此的动人。

在和煦的晨曦和缕缕晨风中，我们身穿迷彩服，像一名军人，抬头挺胸，双肩后张，凝视着那舞动的五星红旗慢慢地升起，唱响国歌。

今天是我们大一新生军训结营的日子。回想这十四天军训生活，虽说很苦很累，但是这未尝不是一种人生体验呢。烈日炙烤，我们依然挺立，依然挥洒着我们的无悔青春。看！这壮观的方阵阵容，同学们闪烁着花儿般的笑容，个个阳光精神。听！那震耳欲聋的口号声“严格训练，严格要求，提高警惕，保卫祖国”，还有那铿锵有力的步伐，整齐响亮。

军训，训的是精神，炼的是意志。今天学校给了我们这个机会去体验，我们就要好好地珍惜。为了新中国的富强，我们这一代青年，这一代大学生，有责任担当起建设新中国的义务。我们必须坚强，必须勇敢担起我们应负的责任。

梁启超说过：“今日之责任，不在他人，而全在我少年。少年强则国强，少年独立则国独立，少年进步则国进步。”我们这一代青年，肩负着中国未来的发展，肩负着中华文明的传承。

如今的中国虽说是世界大国，但我们不能停止脚步，我们要继续努力，一步步走向成功的彼岸。曾经，我们从零开始，带着一份坚强的毅力、不屈不挠的精神在一步步地摸索，从新中国的成立，到原子弹研制成功，加入世贸，“神舟”升空，北京奥运开幕，嫦娥探月……这一切就是我们努力的见证。

但在这光荣的背后，我们又经历多少风霜雨雪。历史的风霜磨砺了一个民族的铮铮铁骨，岁月的风雨锻造了一个民族的不屈灵魂！难忘的民族耻辱啊！看见了吗？圆明园三天三夜的冲天大火！听见了吗？受辱者那一声声撕心裂肺的惨叫！虎踞龙盘的南京，三十万无辜者的生命，无一幸存。屠刀所指，山河流血，日月失色，堂堂中华在侵略者铁蹄下痛苦呻吟……

虽然饱受耻辱，屡遭挫折，陷入困境，但我们没有放弃，我们心怀中国梦，我们以不屈不挠的精神在拼命挣脱，以愤怒的拳头奋勇还击。我们秉承“长风破浪会有时，直挂云帆济沧海”的信心，勇往直前。

今天，身为青年一员的我，心中已准备好，种下中国梦，复兴中国，保卫祖国。

美哉，我少年中国，与天不老！壮哉，我少年中国，与国无疆！

（指导老师/赖旭珊）

向着梦想前进

商务管理学院　谢庆金

军训的时候我就在想究竟何为国家，何为社会，何为个人？直到现在我也没有得出一个很好的答案。但是我悟出了一点：人不可能永远活在自己的世界里，那将会一事无成，要想有所成就，必须把自己与他人好好联系起来。

美国自成立以来，人们口耳相传最多的便是“美国梦”。它是指人们只要经过自己的不懈奋斗和努力便能迈向成功。而在21世纪的中国，我们有了“中国梦”，然而，“美国梦”与“中国梦”之间又有些许不同：“美国梦”强调的是个人的成功；“中国梦”强调的是整个民族的繁荣。

“中国梦”的出现，毫无疑问地说明了我们祖国开始强大起来了！但是，我以为，不管是美国梦还是中国梦，它们都有着自身的相对狭隘之处——只谋求个人本身或者本民族的发展而没有在自身获得发展的同时给予有需要的人和国家援助之手。我们都知道如今的世界被称为“地球村”，这说明个体的发展是不适合整个世界的发展的。我认为，迄今为止，能引起全人类共鸣的梦只有两个：马丁·路德·金的“平等梦”和曼德拉的“自由梦”。他们传奇的一生表明，只有为全人类着想，为全人类谋福的梦到最后才会真正实现。所以我心中的“中国梦”更应是一个世界梦——愿这世界更和谐友好。一点就够，不需要太多。

我们心中要有梦并坚信：前途是光明的，道路是曲折的，那么我们所希望的未来便一定会到来！一个人无法改变这个世界，也没那个能力，这需要大家一起帮忙才能实现的。首先独善其身，然后以自身去感化身边的人，相信他们也会不断完善自身去感化他们身边的人，就这样慢慢地身边人影响着身边人，身边人联系着身边人，人人组合便是社会，社会的扩大，便是国家，国家的扩大，便是新的世界——和平友好的世界。

第一只站起来的猴子往往被同类咬死，但如果没有第二只、第三只……第N只站起来的猴子，便没有今天直立行走的人类。我不怕做那第一只猴子，即使会死去，我也无怨无悔，因为至少我坚持了自己的梦想，因为我为我的梦想而死去，更因为这个梦想至少在我心里实现过了……

（指导老师/朱龙凯）

我的中国梦

电子与通信学院　陈喜健

我有一个梦想，我希望我的祖国永远繁荣富强，祖国的人民生活富裕，祖国的军队坚不可摧，这是我的中国梦。它夹杂着激情的汗水与希望，犹如火红的朝阳，照亮我前行的路，为我指引方向。

回想以前，爱国的情怀曾经在我心中若隐若现。我对祖国的伟大并没有深刻的体会。大学军训开始的第一天，整齐行驶的大巴带着我们缓缓进入军训基地，我们经历了紧张而充实的生活，接受了军训的洗礼。在这里，我们除了学会了齐步走、正步走、打军体拳外，更重要的是，军训带着我们融入军营生活，让我们感受到祖国的伟大，体会到军人钢铁般的意志。

一百多年前，我们的祖国曾经风雨飘摇，我们的土地被强盗所侵占，无数的人民被侵略者残忍杀害。然而，中国共产党带领我们前行，战士们浴血奋战，历经重重困难，我们的新中国才得以诞生，人民才有了生存的机会。这一切是我们的党和革命先辈的努力成果，他们让中国大地上出现了曙光。新中国成立后，我们的祖国奋力发展，虽也有曲折，但到如今，国民经济快速发展，人民的生活水平不断提高，科学技术不断取得新突破。我想，祖国离伟大的复兴之梦又近了。

然而，站在21世纪的时代舞台上，我们要看到自身的不足，看到与发达国家的差距，更要看到与中国伟大复兴宏伟目标存在的距离。因此，我们坚定不移地改革，坚定不移地发展经济，不断加强国防力量，不断培育新时代英才。只有这样，我们的祖国才能赶超发达国家，实现中华民族的伟大复兴。

当今时代是科学技术高度发达的知识经济时代，知识经济时代呼唤高素质的人才。高等教育的任务就是培养和造就高素质的专业人才。作为一名大学生，我们应该意识到这一点，要有周总理“为中华民族之崛起而读书”的志向，努力学习专业知识，在自己的知识领域不断积极进取和开拓创新，为祖国的发展做出自己的贡献，为祖国的明天不懈努力。

祖国在不断改革发展中。我们要牢记毛泽东思想，坚持邓小平理论，高举“三个代表”重要思想和科学发展观的伟大旗帜，不断前行，奋勇前进。

我有一个梦想，一个永恒不变的期待，我希望早日看到它的实现，我们将为此努力前行。

（指导老师／曹美多）

梦想，从深信开始

商务管理学院　何洪燕

经过了高中三年风雨的洗礼，我踏进了大学的校门，实现了我的大学梦。对我来说，这里的一切都是新的，新的环境，新的老师和同学，还有新的梦想。

每个人都有自己独一无二的梦想。我的梦想是成为一名企业家。这是我从小学开始就有的梦想。大学轻松自在的生活会让人迷茫，不知所向。话剧《奋斗》中的三个青年便是最好的例子。《奋斗》让我明白了大学三年应该怎样度过，怎样去创造更多的价值，让生活变得更有意义，同时，也让我懂得了虚度年华、碌碌无为的可怕，让我感受到了梦想的强大力量。

梦想是一种希望，而行动才是成功的关键。行动的过程，实现梦想的过程，必定会历经磨难、挫折，必定会遇到许多的困难、荆棘。有些人失败后便选择放弃，有的甚至从此一蹶不振。因为他们不懂得坚持，所以感叹“理想很丰满，现实很骨感”。现实虽然有些残酷，但我仍然选择坚持梦想。有人说我不切实际，但我认为，任何理想，哪怕在别人眼里是多么的不切实际，但只要你下定决心为自己的理想迈出坚实的脚步，终有一天，你可以收获成功。大学，给了我一个很好的机会，给我提供了一个更高的平台，而军训更让我懂得了坚持的力量，它锻炼和考验了我的毅力和耐力，它让我更加坚信梦想，它让我领悟了行动是实现梦想的途径。“我不怕万人阻挡，只怕自己投降”，只要坚定向前，胜利一定不会遥远。

大学是个很好的平台，有许多锻炼的机会。我实现梦想的每一步，大学都会是我最好的舞台。每个同学都应该好好珍惜这个机会。莫到白头时，空有悔恨。奥斯特洛夫斯基说：“人的一生应当这样度过：当回忆往事的时候，他不为虚度年华而悔恨，也不为碌碌无为而羞愧；在临死的时候，他能够说：‘我的整个生命和全部精力都献给了世界上最壮丽的事业——为人类的解放而斗争’。”我想，这话最能表达我对于生活的态度，大学是我们最美好的时光，我们应该在大学的时候为我们的生命增添更多色彩。

来吧，让我们在这里开始不一样的精彩；来吧，让梦想从深信启航！

（指导老师/陈伟芳）

梦，在这里

软件学院　林育彬

生活在全民奔小康的年代，生活中依然有执着于梦想的人们。这个梦或是孩子们渴望得到的一枚糖果，或是军训中期待最后的“优秀学员”称号，抑或是为生活四处奔波的求职者渴望得到一份稳定的工作。我的中国梦，则是中国在快速发展的同时，不要忽略发展所带来的一系列负面影响。

环境。前两个星期，我们信息学院“郁金香”志愿者服务队组织了一项“绿色环保进社区”活动，通过此活动我们了解到社区的大部分居民对环境的影响很在意，因为环境的好坏直接与居民的健康挂钩。其中，社区后的一条臭水沟是居民们反响最大的一个问题。追根溯源，这正是水沟两侧的各种工厂排放的各种没有经过处理的污水造成的。虽然这仅仅是在一个社区周边出现的问题，但可以反映出我国在快速发展的同时所带来的环境问题。而问题的解决，需要健全的法制，还需要每个排污者严格的自律，更需要我们每一个公民共同的监督。只有这样，才能还我们的子孙后代一个良好的生活环境，还我们祖国一片蓝天。

素质。作为一名中国人，我对我国部分公民的某些不当行为举止感到羞愧。无论在什么地方，有中国人走过的地方必然会留下“纪念品”。垃圾也好，随地吐痰也罢，最无可救药的是在树皮上、石头上或墙上等刻字。垃圾还可以清理掉，但刻上去的字迹就抹不掉了。这体现的不仅是个人修养问题，更是一个中国公民的素质问题。

当然，这仅仅是部分人，并不代表所有人。我们唯一能做的就是相互督促，以身作则，以自身优秀的品质去影响周围的人，树立良好的社会风气。

中国在进步，生活过得越来越红火。放眼望去，一片繁华的好景象。低下头来，我们还有很多地方有待改进。人生是一出舞台剧，我们自编自演。也许每个人所追求的目标都不一样，每个人的生活也都不尽相同，但我们都有着梦想，有着过上一个精彩而无悔的生活的期许，乘着梦想的翅膀飞跃天际的向往。不管前方是荆棘路，还是泥泞小道，既然选择了远方，便只顾风雨兼程。我的中国梦，正在引领着我们所生活的这个国家走向一个全面发展的时代。

今年的军训，让我们懂得了什么叫团结就是力量！让我们一起努力，共同圆梦，携手拥抱祖国美好的明天，共筑我们心中的中国梦！

（指导老师/梁海琴）

启航，梦想之旅

商务管理学院　郭文丽

我的梦想是什么？对于未来，我一无所知，不知道想要的是什么，害怕在未知的生存游戏中独自惨败，遇到难题就想着逃避，以至于这个问题一直困扰着我，直至新生军训让我感悟到太多做人做事、追寻梦想的道理……

彷徨。风肆意地刮着，鸟儿也叽叽喳喳地叫着，站在大学门口，我犹豫了许久，忐忑地迈出了第一步。

大学的生活如此丰富多彩，而我似乎只是在随波逐流，盲目地参加各种社团面试和学生干部的竞选，可是，我想要的是什么？结果总是不尽人意，面对即将来临的军训和各种考试，更让我彷徨无助……

挑战。怀着一种不安的心情我走进了军训基地，却不知，我的生命，竟从那里开始奏出不一样的音符。

对我影响最深的是站军姿和住集体宿舍。站军姿最基本的要求是不能动，教官说站军姿最考验耐力，一个具有强大耐力的人，他的梦想也会因此而强大。教官还用激将法鼓励我们说："你们娇生惯养，一定坚持不下去！"那天在阳光下站着，别人怎么样我不知道，但我的汗水直流，渗进了眼睛，痛苦的感觉瞬间充斥着我的双眼，泪水也忍不住往外流，脑子不停地翻腾着，回忆起教官刚才那不屑的眼神和话语，想着我的未来之梦，我咬咬牙，任由汗水和泪水在我的脸上放肆流淌，凭着一股不服输的信念，我们最终完成了任务。

我曾以为人与人之间的冷漠，再亲近也于事无补，但军营大集体的住宿生活，却用铁的事实让我认识到自己的错误。虽然大家来自不同的地方，来自不同的班级，却相处得很好。在冲凉时段，我们互相递毛巾、衣架；在燥热的午休，为了照顾感冒的同学，我们彼此关心，让空调仅仅成为一种装饰；在紧张饥饿的吃饭时间，我们相互帮助，为坐得远的同学夹菜、打汤。

改变。从军训回来的我完成了一次蜕变。我继续着自己的学习生活，不同的是感到愈来愈自在，愈来愈温暖，我的梦想，本毫无存在感，如久沉水中的船，突然得到浮力，奇迹地出现了踪迹。

启航。我的梦想啊，启航的时间到了！经过军训洗礼的我，有了太多的变化，更坚定，更清醒，也更有决心和能力去追寻你了……

（指导老师／陈伟芳）

军训，梦启航

财经学院　潘天妮

黑暗渐渐吞没了天边的那一抹彩霞，屈指可数的星星散发着微弱的光芒。

中华民族是一个经过无数次战火洗礼的民族。有外部的侵略，如鸦片战争，让我们陷入了半殖民地半封建社会的境地；有内部的战乱，如民国时期的军阀混战，让我们陷入了外忧内患之中。但是中华民族并没有倒下，因为有一批批顽强不屈、勇于奋斗的人站起来了。

我们每个人心中都有一个“中国梦”，一个使国家强大起来、不再受人侵害的梦。我们心中那一个小小的梦想，虽然不算伟大，但是却成了“中国梦”的一块块基石。那么当全国人民的“中国梦”还没有完全绽放，我们的梦又该何去何从呢?

军训期间开展的“中国梦”系列宣传教育活动，让我不断思考“中国梦”的深刻内涵和意蕴。它让我明白，其实“中国梦”和我们个人的梦想息息相关，“中国梦”给了我们追逐梦想的自由，也给予了我们勇于奋斗的勇气。然而当一个人的梦想得到绽放时，它便会将这一个梦传承下去，我们也承载了上一辈人的期望，让祖国更加强大，让人民过上好日子，同时，我们的下一代将有更好的条件去实现他们自己的梦想，去成为“中国梦”的一块小基石。

如果说人生是一片星空，那么，军训的生活便是这片星空最闪耀的明星。这一次军训，我们并没有真正地踏上战场，也没有深入了解到国家的形势，仅仅是体会一下军旅生活，虽然苦，虽然累，但是当教官语重心长地对我们诉说他们经历过的日子，如他们已经好几年没有和家里人过个团圆年了的时候，其中的劳累和辛酸，或许我们一辈子都不会体验到，却能无比清晰地感受到他们的内心想法。同时，它给予了我们每个人不同的感受，让我们体会到了许多许多。军训让我懂得了一个集体的重要性，让我明白了要珍惜现在所拥有的一切，让我体会到了军旅生活的不容易。

古时学士寒窗苦读，考取功名，只为光宗耀祖；今日儿郎远高家乡，驻守边疆，只为保家卫国。《军中绿花》中有那么一句歌词“站岗值勤是为了保卫国家，风吹雨打都不怕”，正因为每一位军人心中都有一个保家卫国的梦想，才能远离家庭温暖，才能抛去儿女私情，才能忽略疲惫劳累，只为了实现内心那个希望国家强大起来的“中国梦”。

太阳奋力地爬上高空，阳光慢慢洒满大地，正如我们的梦想一样，终有一天会洒满每一个人的心头，让“中国梦”散发出夺目的光彩！

（指导老师／马俊华）

中国梦·我的梦

财经学院　柳安妮

我是中国人，每每想到这一点，一种自豪感油然而生。唐朝繁荣兴盛，元朝时候是拥有领土面积最大的国家……近代，我们经历了几番波折和苦难，最终在中国共产党的领导下，1949 年成立了新中国。60 多年来，我们都为着一个目标而不断前进，那就是富强，不被别人侵略欺辱，如今的我们已从混沌中走向光明。

如今各国的经济都在飞速发展中，我们中国当然也不甘示弱。在当今这个“抢土地”的年代里，中国为了保障本国的安全也采取了不少有效的措施来防治周边的侵袭。

在一个国家的武装力量里，军队是最重要的一部分。当然先进的武器也是必不可少的，可要培养一支有素质、有能力的精兵，需要的是军人有良好的素质和优良的体质。正如这次军训，总教官说过，我们这次军训大部分的费用都是政府补贴的。这说明国家很重视大学生军训，如果国家有战争，我们是国家的预备役人员，我们要时刻准备着。每每想到这个，都觉得有些羞愧，因为当我们初来国防基地时，抱着的是失落、痛苦、无奈、不甘、不情愿，觉得自己很委屈，为什么要受这个吃力不讨好的“罪”？可是，这么多天过去了，我意识到当初的那些想法是多么的愚蠢可笑！现在我是多么地想为祖国献一份力，看着每日都在飞速发展的中国，富强起来的中国，怀着一份坚强、一份荣耀、一份铭记，心中已准备好，种下中国梦，创造美好的未来。我们延续着炎黄子孙们永不停歇的中国梦，承担着一份厚重却又让人为之奋斗的责任。

军训就像品一杯浓郁的香茶，只有尝过的人才知道其中的滋味，才能和有相同经历的人相视一笑。军训很苦很累，扪心自问，谁不想有一个轻松的训练环境，但这是一种人生体验，是战胜自我，磨炼自我意志的良机，心里虽有说不出的酸甜苦辣，但这何尝不是一种快乐？有了一种更好地超越人生目标前进的勇气，我的梦或许在这一刻开始生根发芽。

军训，还让我体会了真诚待人的感动，明白患难见真情的震撼。它让我懂得如何使自己的梦生根发芽；让我知晓善恶美丑；让我体会到我们身上有着父母多大的期望，祖国对我们有多么期待！我的梦，我们的梦，中国梦，我会带着你见证将来可以兑现的梦想。因为，从新中国的站立起来，到改革开放的逐渐富裕起来，再到新世纪的强大起来，我们正一步步把梦想变为现实。毕竟十几亿中国人不是孬种，960 万平方公里的国土也不是虚幻的。我们跌倒过多少次，就会站起来多少次，因为我们有祖国，有梦想，祖国亦与我们同在。

（指导老师/舒露瑶）

在磨炼中成长

数字媒体学院　王丽红

苏格拉底说过："世界上最快乐的事，莫过于为理想奋斗。"是的，一个人有理想，有梦想并为之而奋斗，是件最快乐的事。

每个人都有自己的中国梦，这个梦不管是渺小还是伟大，不管是关于自己的还是关于世界的，都是我们每个人的梦想。只有努力、坚持，才能实现我们的梦想。如果未能实现，至少我们为之奋斗，为之努力过，我们才不会后悔。

不知道同学们是否知道军训之于我们，也是在为我们的中国梦而历练而奋斗的一种方式呢？一个国家的繁荣富强，人民生活安定，社会井然有序，离不开每个人奋斗而来的成果。因为中国梦，毛泽东带领人们建立了新中国，让国人站了起来；因为中国梦，邓小平实行改革开放，使人们富了起来……我们要时刻记住历史：落后就要挨打。新青年是国家未来的栋梁，国家的未来还需要我们一代代人的努力。军训是磨炼人锻炼人的绝佳机会，也是我们体验另一种生活的尝试，不仅能塑造自己，也能为实现中国梦而打下基础。

我们都知道，军训是辛苦的，同时也是幸福的。它不仅能锻炼体魄，挑战个人能力的极限，而且能培养我们的团队意识。中国不正是需要这样团结一致的中国人吗？最重要的是，这种影响力不仅仅体现在我们这一代，还能代代相传。未来的中国定会更团结，更强盛，成为更有国际影响力和创造力的国家。军训是我们的使命。我们不仅要对自己负责，更要对国家负责。生在中国，就是中国人，都应有保卫国家的使命感。但连自己都管不了的人怎么来保卫自己的祖国呢？此时此刻，我们每一个人都不应是个失败者，此时的磨炼，正是为了实现我们心中那个伟大的中国梦。我们不能没有方向，没有梦想，因为那是我们的精神支柱。

我始终相信："长风破浪会有时，直挂云帆济沧海。"人生中难免会有波折，只要坚持挺过去就好了。就像军训一样，挺过去就好了。当我们想抱怨时，想偷懒时，敲响心中的中国梦，我们必定会挺起胸膛熬过去。因此，我们要在改变自身命运的过程中，共同守护和担当，为这个时代，为这个社会，为这个国家注入更多的自信、温暖与希望。

让我们每一个人的梦想都可以实现，为世界增添一点色彩，为中国争光，努力营造我们未来的幸福美好生活！

（指导老师/卓建拥）

我们的中国梦

交通与环境学院　黄耀熙

梦是一种欲望，想是一种行动。梦想，周而复始。中华民族五千年历史传承着一个长长的梦，几经辗转，几经沉浮，时至今日，汇聚成了一个梦，中国梦。我认为实现中华民族的伟大复兴，就是中华民族近代以来最伟大的梦想，也是历代国人的追求。

在军训中，教官告诉我们只有罪人才会低下头，只有懦夫才会跪倒，可是在训练中却仍有许多人低头、跪倒，为此，我领悟到要实现中国梦靠的不仅仅是科技强国，不仅仅是技术创新，不仅仅是经济腾飞，更要靠一代有志青年。“少年不倒则国运不衰，少年有志则国之无疆。”中国近代百年惨遭凌辱却屹立不倒，正是一代代少年的心有不甘，一代代少年的图强。有强军强国梦，造成了北洋水师虽梦碎甲午却英魂不倒。有开议院、立学会的维新变法，虽毁于戊戌流血却唤醒国人。因为有了这代青年才有天安门上的开国大典宣告新中国的成立，这样的少年是国之根本，实现中国梦的希望。

而今的我们，身为当代中国少年，因为太阳的炎热，我们低下了自己的头颅？因为训练的艰辛，我们跪倒放弃？这样的我们如何实现中国富强？如何实现中国梦？当鸦片战争打破国门，当英法联军火烧圆明园，当九一八事变日本侵占东北的时候，你不为国人的软弱、国家饱受凌辱感到痛心疾首吗？看到钓鱼岛被日本所谓“国有化”时你还愿意碌碌无为吗？看到南海主权遭到侵犯时你还能默默忍受吗？如若不能，中国少年，请你们站起来追寻我们的中国梦。“少年智，则中国智；少年强，则中国强。”中国之所以能站起来，是因为那些为了国家强大而无所畏惧的先辈，他们梦想着有一天，自己能让祖国繁荣富强，战死沙场也无怨；中国之所以能在奥运会上绽放光彩，是因为那些运动健儿，他们梦想着有一天，自己能获得金牌，为祖国争光；中国之所以能在航空事业取得成就，是因为那些航天员和工作人员，他们梦想着有一天能为祖国做出贡献。这些人都来自我们中国少年！梦想在华夏大地飞扬，希望之火点燃龙的故乡。中国梦犹如海上的航灯，指引中国少年的去向。

记得苏格拉底说过：“世界上最快乐的事，莫过于为理想而奋斗。”我从不怀疑，每一个中国少年都能为中国梦而奋斗，就可以将它变为现实。这里的“中国梦”不再是一串漂亮的宏观数据，不是畅销书榜单上的《大国崛起》，不是外国媒体派送的花篮或炮制的标签，它属于每一个平凡的中国少年，一个由中国少年实现的中华复兴、让华夏巨龙再度腾飞的中国梦。

（指导老师/李志国）

中国梦，让世界心动

数字媒体学院　张伟浩

梦想，是一种很微妙的东西，有时它离我很近，近到就在我的脑海里；有时它又离我很远，远到让我根本无法把握。“老骥伏枥，志在千里；烈士暮年，壮心不已”，那是枭雄曹操的梦；“长风破浪会有时，直挂云帆济沧海”，那是“诗仙”李白的梦；“男儿立志出乡关，学不成名誓不还；埋骨何须桑梓地，人生无处不青山”，那是伟大的革命家毛泽东同志的梦。而我的梦想，如今又在何方？

第十二届全国人大一次会议，习近平总书记阐述了“中国梦”的深刻内涵：实现中华民族的伟大复兴，就是中华民族近代以来最大的梦想。“嫦娥”一号奔月，“神十”升空，“天宫”一号太空站建立，这些是中国的航天梦；北京奥运会取得的优异成绩，这是中国的体育梦；“中华神盾”陆续服役，“辽宁”舰的试航、歼20的横空出世，这些是中国的国防梦。可以说，一年来，“中国梦”吹拂了亿万国人的心，吹遍了神州大地，在人们心中生根发芽，也在我的小心灵埋下一棵关于中国梦的种子，渐渐地滋养成长。我想，最终，它会长为一颗参天大树。

空谈误国，实干兴邦。我的中国梦不能只停留在口头上，必须落实到每一个细节上。对于学习知识的认识，不再是以前只为找到一份好工作而学习的肤浅认识，为中华之崛起而读书应该成为每一位学子内心深处的渴望。少年强，则国强，我们每一位学子都应树立爱国观念，将每一个小小的梦汇聚成蓝色的“中国梦”。

来到军营，十几天的军训生活让我更加懂得我的中国梦要从军营里开始，要想肩负起中华民族伟大复兴的使命，我们必须磨炼意志，练就钢铁一般的身躯才能铸就坚不可摧的民族灵魂。面对昼夜不停地训练，我们将一如既往地坚强。迈正步，站军姿，练转身，我的中国梦将在军营中放飞启航。

“古之立大事者，不惟有超世之才，而必有坚忍不拔之志。”练就钢铁般的意志，成就我的中国梦。“天下兴亡，匹夫有责”，作为21世纪的大学生，面对中华民族的复兴之梦，我们义不容辞。十三亿同胞将共同打造这个伟大的中国之梦。

中国梦，它让全世界心动。

（指导老师/李妍）

夏日军梦

机电工程学院　周燕萍

每一个民族都有一段传奇，一部神话。同样地，每一个人都有一个属于自己祖国的梦，中国魂为我铸造中国梦——实现中华民族的伟大复兴。虽说我的梦想有点遥远，可没有人会质疑我的这个梦，毕竟每个中国人心中都有和我同样的中国梦，只是有的人没有明说而已。但它一定存在我们心里最温暖的地方，时刻为我们指明前进的方向。

马丁·路德·金曾说："我有一个梦想，它深深扎根在美国之梦中。"而现在，我也有一个梦想，它在民族复兴之路上茁壮成长。作为一名大学生，我深刻意识到实现这个梦想，需从自己做起，我们可以献出自己的微薄之力，聚沙成塔，一个人的梦想是微渺的，但当十三亿个梦想汇聚时，那便不再是梦。

今年，我们在基地进行长达 14 天的军训。五点起床，将那军被叠成傲人的豆腐块，每天一小时的军姿训练，六个小时的正步练习都让我们在一开始非常不适应。我们不会忘记在艳阳下挥洒的一滴滴汗水，因为我们知道，汗水从不会白白流淌，它将会成为我们心中的烙印，深深镌刻在那强军梦中。通过这短短的半个月，我们学会了严谨的生活作风，培养了坚忍不拔的意志。由此，我们更加坚信——中国在我们新一代的努力下会有更加美好的明天。

一支甘于奉献牺牲的军队，一定是一支所向披靡的军队；一个由汗水凝聚的中国，一定是一个魅力四射的中国。"诚既勇兮又以武，终刚强兮不可凌。"尽管中国梦的实现依旧崎岖漫长，但是我们可以看到，中国梦点燃了一代又一代人的热情与希望，催生了更多人奋起努力的勇气和决心！因为梦想永远是进行时！

在我的梦里，中国应当是如此的——它有温柔的双眸，看得到百姓微扬的嘴角；它款款深情地仰望天空，为百姓撑起一片蔚蓝的天；它的身旁有魁梧军人，军人的脸上有怡然的笑容；它也醉卧在太空中，在每个星光灿烂的夜晚里，给百姓诉说来自外太空的秘密。

空谈误国，实干兴邦。为了使梦想变成现实，我们必须一步一个脚印，为了强军梦，更为了中国梦而奋勇前行！

（指导老师/曹国富）

中国梦，梦飞翔

商务管理学院　李婉婷

儿时的梦单纯天真，无所畏惧。随着时间的流逝，长大后，我们的梦想有了分量，梦想的翅膀多了一份责任和担当，也完成了新的蜕变。现在，我满怀信心等待着那一天，挥动坚硬有力的翅膀，让我们的梦翱翔天际。

回想那短短两周军训的日子，一种潜藏在心中已久的感想便油然而生。的确，军训是辛苦的，但却美丽动人，让人难以忘怀。在军营，我们和教官在烈日下同甘共苦，他们对每一个动作都严格要求，一发现我们的动作不规范，不到位，便细心地给我们讲解，纠正我们的错误，争取让我们把每一个动作做好。作为班长，我更是要以身作则，更加严格要求自己。在站军姿时，我们的双肩酸痛，双腿麻木，真正地体会到了苦和累。但我们不需抱怨它的苦难、辛苦和劳累，那是在磨炼我们像树一样坚挺向上，不屈不挠，它带给了我们一个尊严，一种力量，一种不向任何困难卑躬屈膝的品质。正所谓人生苦短，年轻时吃点苦，受点累算什么。俗话说：“不经历风雨，何以见彩虹？”没有一番寒彻骨，哪来梅花扑鼻香？军训，教会了我们怎样去面对今后的挫折，也教会了我们要以大树般不屈不挠、脚踏实地的姿态去迎接人生。

诚然，青春需要个性的张扬，但严谨、朴实、务实的态度更是青春活力的“加油站”。这不禁让我想起了那个陪伴我一路长大的小城镇。

我行走于从家到学校这段不算长的街道上，常常听见卖菜小贩在吆喝，阿姨们在讨价还价，喧哗鼎沸人声，三轮车启动的马达声，轰隆隆的汽车声，人群匆匆走过的脚步声，所有声音都是我模仿不来的，就像脚下这片黄土地一样，实实在在。无论是街边的卖菜小贩，还是工地上的建筑工人，或是面朝黄土背朝天的农民，他们都是中国千千万万基层劳动人民的缩影。他们每天都在勤勤恳恳地耕耘，他们身上有着我见过的最质朴真挚而有力的情感，这不正是军营教会我们的吗？

军训一阵子，受益一辈子。他们正是这样，脚踏实地，勤勤恳恳，从无怨言，叫我情不自禁地把最崇高的赞美赋予他们。

你若问我什么是爱国，我会回答，那就是给千千万万个勤劳勇敢的劳动人民谋福利。千千万万个劳动人民以勤劳肯干、自强不息的精神构建了社会文明的基石。千千万万个劳动人民践行着中国梦，用汗水孕育着中国梦。

也许现在我们的翅膀还不够坚硬丰满，但只要我们以不怕苦、不怕累的精神去灌溉我们的梦想，不屈不挠，自强不息，中国梦就会飞翔。我坚信，总会有一天，我们的翅膀会有足够的力量去翱翔蓝天，让全世界瞩目！

（指导老师/马健）

圆梦之心

商务管理学院　李炬明

我们都有一个家，名字叫中国；我们都有一个梦，就是中国梦。

——题记

梦想如石，敲出星星之火；梦想如火，点燃熄灭的灯；梦想如灯，照亮夜行之路；梦想如路，引你走向黎明。军训生活铸就的不仅是我们的身体素质，更是一颗圆梦的心，这样才能促进中国梦的实现。

自强梦，促进中国梦的实现。

刘伟曾说过，要么赶紧去死，要么就精彩地活着。社会就像一位慈祥的老者，给予你无限的希望，却又像无情的粉碎机，辗碎了多少人的美梦。要活得精彩，就要为自己的梦想而自强不息地去奋斗，当命运无情地缚住双臂，当别人叹息生命的悲哀时，他依然固执地为梦想插上翅膀，用双脚在琴键上写下“相信自己”。试问，当今还有什么励志故事比得上刘伟的钢琴音？他自强不息的追梦故事让我们动容，他是我们中国的脊梁。细想，在军训生活里的苦并不算什么，未来需要我们，加油，同学们。

孝子梦，促进中国梦的实现。

古语曰：“百行孝为先。”孝顺父母本应是我们做孩子应尽的责任。但在当今社会里，把父母赶出家门的人屡见不鲜，这实在让我们痛心。然而陈斌强却用自身朴素的行为报答母亲的养育之恩，他十几年如一日用布带背着母亲去上班，他的梦想是让母亲安享晚年。他的行为不仅抚慰每一位母亲的心，更是抚慰每一位中国人的心。在军训中，锻炼身体重要，但孝顺之心更应铭记心中，常回家看看。小梦心系大梦，促进中国梦的实现。

在军训生活里，每天都要面对着在我们看来是魔鬼式的训练，很多同学都叫苦连天，细想一下，我们受的苦能与刘伟相比吗？更重要的是，“宝剑锋从磨砺出，梅花香自苦寒来”。在军训里有给家里报个平安，关心父母的同学吗？军训里就能学到刘伟自强不息的精神，陈斌强的孝顺，和“最美女孩”“最美司机”“最美妈妈”乐于奉献的精神。

军训结束后，我们应该把军训中自强不息、感恩父母、乐于奉献等精神带到自己的人生中，青春活动不应只停留在电脑游戏上与个人的物质享受上，应去更广阔的天地，用我们矫健的身影，阳光的笑脸，谦逊的态度去感染身边每一个人，用行动去撑起祖国的明天。

“军训一阵子，受益一辈子”，在军训里生活能让我们修身，齐家，治国，平天下；拥有梦想，带着圆梦的心出发，终会看到秋日金黄丰收的喜悦，从而促进中国梦的实现。

（指导老师/李春柯）

我心中的梦

商务管理学院　龚嘉敏

每个民族都有传奇，每个中国人都有中国梦。我的中国梦长存心中。

中国，那么大，那么美，作为炎黄子孙，作为祖国的未来、祖国的花朵，提起中国，我们的心里总能油然而生一种骄傲和自豪之感。随着中国地位的快速提升，中国经济的迅速发展，中国百姓逐渐过上了小康生活。而同时，越来越多的学子踏上了大学之途，开始了不一样的人生。

作为大学生，我们怀着各自的梦想，竭尽全力为目标奋斗。每个人都希望毕业后拥有稳定的工作和满意的收入。而这必须以中国国力的增强和国家经济水平的提升为前提。从这个意义上说，大学生的中国梦同样是中国的中国梦。

2013 年我们参加了一次以“中国梦”为主题活动的军训，期间开展了一系列关于中国梦的教育活动。这期间，我对中国梦的理解更加深刻，领悟更多。我的中国梦在更深的层面来说，就是实现中华民族的伟大复兴，而实现中华民族的伟大复兴，是中华民族近代以来最伟大的梦想，是我们中国国民心中最伟大的梦想。而实现中华民族的伟大复兴，需要我们大家共同努力。所以，我们大学生也应当心系祖国，要以自己的实际行动为祖国的发展贡献自己的力量。

中国梦凝聚了千百年来人民的夙愿，体现了中华民族和中国人民的整体利益，是中国未来闪耀的星光。

中国，有着上千年的悠久历史。历史告诉我们，每个人的前途命运都与国家、民族的前途命运紧密相连。国家好，民族好，大家才会好。而我们大学生应从自身小事做起，心怀中国梦，不仅为了自己的梦想而努力奋斗，也为了祖国发展、为了中华民族的伟大复兴而奋斗。正所谓“空谈误国，实干兴邦”，大学生不仅要在口头上承诺，更要在行动上实践。

时至今日，中国的发展有目共睹。现在的中国比历史上任何时期都更接近民族复兴的宏伟目标。我们大学生要时刻心怀中国梦，通过实干来实现我们的中国梦。我坚信，我的中国梦定能实现。

（指导老师/钟文苑）

军绿色的青春

机电工程学院　谭友健

绿色的军装，震天的口号，鲜艳的彩旗，美丽富饶的神州大地。今天，我要自豪地为我们祖国的繁荣昌盛鼓掌，更对祖国的无限未来寄予衷心的祝福。让我们焕发新时代的青春魅力，在世界的每个角落展现出别样的精彩。

新中国成立60余载，中国在世界民族之林拔地而起，老一辈的热血，新一代的拼搏进取，成就了今日非凡的中国。中国人民解放军的热血豪情，更是深深地刻在我们每个人的心中，影响着一代又一代人。为人民服务，他们从不畏缩；为国捐躯，他们从无怨言。只因他们身着的绿军装蕴含着为国为民献身的崇高使命。祖国的发展壮大，民族的繁荣富强，因为有他们的存在，正大步向前迈进。

军营是个神圣的地方，在军营一阵子，所学知识受用一辈子。正因如此，我们大学生更要参加军训。大学军训是对大学生身心素质各方面的考验，成为一名21世纪的大学生是我们的骄傲，让自己变得更强大是我们的愿望。在军训期间，有苦有甜，有喜有悲，有教官的严厉苛责，也有同学的真心问候。点滴在心头回荡，心中激起一片暖流，确实令人难忘。军训是痛苦与快乐并存的经历，吃到了其中的苦，方能体会到其中的甜。直面它，你将会变得坚强；若退缩，你将永远只是一个弱者。我相信，经历过军训的洗礼，我们大学生必能有所收获，有所成长。

国歌在一代又一代国人中传唱，耳熟能详的国歌总能激起万千国人强烈的民族自豪感。每个人唱出的国歌都蕴含着自己的故事，自己的感情，我们的国歌因此而变得更加丰满。军营中的我们，伴随着国歌的旋律，自豪感油然而生，是军营激起了我们强烈的爱国情感，为我们指明前进的方向。爽朗的口号声，飒爽的军姿，依然停留在这片土地上延续着它的精彩。

感谢军训，那一段令人难忘的经历。

巍巍河山，绵延千里，我们是幸福的一代，我们时刻感受到国家的富强，军队的强大。我们年轻一代有更大的舞台追寻自己的梦想，施展自己的才华，引领着新科技、新创造、新事物的发展，独领风骚。

中国梦，强国梦，强军梦。每个梦想背后，都有一颗赤诚的中国心，愿我们的祖国繁荣昌盛!

（指导老师/余历）

美丽中国，有一个梦

商务管理学院 钟艳丽

五星红旗迎风飘扬，胜利歌声多么响亮，歌唱我们亲爱的祖国，从今走向繁荣富强……

——题记

我们美丽的中国，有一个梦，我们都在做的梦。

在2012年11月8日召开的中国共产党第十八次全国代表大会上，习近平总书记提出建设“美丽中国”的观点。“美丽中国”是建设生态文明，是经济、政治、文化、社会生活建设的协调发展，将引领中国的持续发展。建设“美丽中国”是我们的一个目标，也是一个梦想，而“美丽中国”也有一个梦想，那就是——中国梦。

对于中国梦的阐释有很多种说法，中国梦包含一个国家、一个民族的梦想，包含你的梦想、我的梦想，也包含他（她）的梦想。而我的观点是，中国梦正如数学中的一个集合，包含着多个梦想，包含着强军梦、强国梦、成才梦等等。每一个梦想都是中国梦的元素，每个人都是筑梦者。梦想启航，从这里开始。

2013年10月23日，我们迎来了2013级大一新生的军训，我们满怀着激动的心情和期待来到国防教育基地，开始了为期两周的军训生活，也开始了梦想的启航。

中国梦首先是一个强军梦。所谓强军，就是增强国防力量。自古以来有国就有国防，国防力量由军队组成，强军梦的实现，要靠加强国防和军队的现代化建设，提高军人的综合素质，而我们大学生的军事训练，就是为了加强国防教育，激发大学生爱国热情，提高大学生国防安全意识，壮大军队力量，为实现强军梦作保障。

中国梦是一个强国梦。强国就是提高一个国家的综合国力。综合国力是经济、政治、文化、社会生活领域的集中体现。当今世界我国国家安全问题日益突出、严重，比如关于我国南海问题、钓鱼岛争端等，无一不牵涉国家安全问题。因此，要全面提高国家综合国力，使国家实力更加强大，巍巍屹立于世界东方，不受外国欺凌，为强国梦的实现翻开崭新的篇章。

中国梦是一个成才梦，当代学生要努力提高自己的思想道德素质和科学文化素质，做一个有理想、有道德、有文化、有纪律的“四有”新人。在训练基地，教官时时严格要求我们，“行如风，站如松，坐如钟”是最基本的要求，“一人跑步走，两人并排走，三人以上成队走”是我们在训练基地必须遵守的行为准则，每一个严格的要求，都是为成才奠定基础，都是在锻炼我们的意志力，正如教官所说的，合理的是锻炼，不合理的是磨炼。实现成才梦，是我们的梦想，也是中国的梦想。

梁启超在《少年中国说》中说道：“故今日之责任，不在他人，而全在我少年。少年智则国智，少年富则国富，少年强则国强，少年独立则国独立，少年自由则国自由，少年进步则国进步……”所以，我们肩负着实现中华民族伟大复兴的重大使命，我们是中国梦的筑梦者，我们是年轻并且充满希望的一代，成长成才，只为实现梦想。

让我们的梦想在此启航，从这里开始，展示不一样的精彩！

（指导老师/陈伟芳）

中国梦鞭策我们前行

机电工程学院　张敏纯

梦是滴滴清水，充盈人类心中对美好的遐想；梦是星星之火，点燃人类奋发向上的精神；梦是盏盏明灯，照亮人类前进的道路。中国梦，带给国人多少遐想，多少憧憬，多少激情！2012 年，习近平总书记提出“中国梦”概念，这在无数国人心中不断激荡……

历史不断发展，回忆不断加深。我发现“中国梦，强国梦，强军梦”并不是现在才提出的，而是一直以来都存在国人的心中，一直在深深激励、不断鞭策着国人奋力拼搏前行。

1840 年的一场硝烟，英国人用坚船利炮打开中国的大门。懦弱的清政府和强盗般的帝国主义引起国人的愤怒。“中国梦”鞭策国人，以文字书写怒气，以武器打响抗击的号角，可是无数次的抗击却失败了。“中国梦，强国梦，强军梦”是他们同敌人斗争到底的动力，是他们无数次挥洒汗水的见证。

1949 年中华人民共和国成立，由于国人长期饱受战争带来对生产等方面的破坏，所以那时的中国梦，是国家经济的复苏，是国家生产力的发展，是国民生活水平的提高。为了赶上时代发展的步伐，在新中国社会主义建设的道路上，我们更不忘要为了实现伟大的中国梦而努力奋斗。比如中国梦激励着国人勇往直前，力争上游，生生不息。

进入 21 世纪，随着全球化的发展，国人追求的“中国梦、强国梦、强军梦”又被赋予了新的理解。它不再是简单地追求国民生活幸福，而是让国家成为世界发展的“引导者”，让中国能自主研发出更多新技术，让中国成为吸引全世界关注的焦点，让中华民族在世界的舞台上绽放出属于自己的独特魅力。中国航天领域的探月工程正不断地朝这个方向发展。

如今，国人正不断地沿着习近平总书记提出的“中国梦、强军梦、强国梦”的道路不断地奋斗着，或许未来会有对中国发展更新的理论被提出，但“中国梦”仍将长此以往鞭策着我们不断向前。

“雄关漫道真如铁，而今迈步从头越。”百年的“中国梦”，在今天比以往任何时候都更加清晰、更加现实。百年的探索与奋斗、苦难与辉煌都在向我们昭示着，中华民族终将在共产党的领导下，实现我们百年的“中国梦、强军梦、强国梦”。

（指导老师/苏曼虹）

我的梦

数字媒体学院　许佩玲

在2013年的百大热词搜索中，“中国梦”无疑当居榜首。中国梦是习近平总书记提出来的，他把实现民族伟大复兴作为中华民族近代以来最伟大的梦想。

中国梦是民族的梦，也是每一个中国人的梦。纵观中国历史，我们不难看到中国梦的痕迹。在中国古代，人民渴望民族团结统一；在列强入侵的近代，人们渴望国家强盛，收复国土；到了现代，“建设改造”“温饱小康”“国强民富”等字眼逐一出现在人们的视野里。

如今的中国正走向繁荣富强的道路上，作为一个中国人，我也有一个属于自己的梦。我的中国梦便是愿中国更强大。如今在外国人看来，中国富强起来了，我们确实是富起来了，但这远远不够，还必须强大起来，要有强大的军事文明和精神文明，否则就是一只待宰的肥羊，一如当年的清政府，没有强大的军队，虽有丰富的精神食粮但也要因落后而挨打。

在实现中国梦的征途中，爱国意识的培养是必不可少的，而军训是培养锻炼学生增强爱国意识的最佳途径，也是国防教育和建设的需要；没有强大的国防，就没有国家主权和独立，那何谈国家的未来呢？

就在此时此刻，作为一个大学生的我正接受着军事的训练。在基地里，以“严格训练，严格要求，提高警惕，保卫祖国”为口号。以前，在日常生活中，作为一名学生，对国防的意义不怎么了解，也不怎么去关心，总觉得那是离我们很远的事。但经过军训教育之后，这个想法消失了，我不仅学到了如站立、蹲下、跨立、正步等军姿动作，而且锻炼了身体，增强了体魄，在精神上也得到了充实，深刻体会到团结力量之强大，纪律、诚实之重要，同时也认识到军训是巩固国防，增强大学生国防观念的有效途径，是孕育我们中国梦的摇篮。

作为一个大学生，作为一个中国公民，更作为祖国未来的建设者和接班人，我们应该明白，国防的目的是捍卫我国的主权，保卫我国的领土，保护我国人民。如果没有强有力的军事训练，那何谈国防；如果没有强有力的国防，那何谈国强。所谓“少年强则国强”，我们应该把军事训练作为我们的义务，同时也是我们的权利。让我们认真地训练，为了我们国家的强大，为了我们民族的复兴。这就是我的梦，我的中国梦。

（指导老师/李晓）

感受军训百味，巾帼扬眉

交通与环境学院　邝美欢

经过十三天军训的漫漫长路，百味俱全，细细品味，获益颇多。

常言道："巾帼不让须眉。"我在这次军训非常荣幸地担任女生八班的班长后，我才真的有了如此坚定的信念以及如同男生一般强大的忍耐力。

成长的代价是让你累、让你痛，让你有苦自己扛。

累。接受严格的军事训练，累是必然的。但是训练中却不会因为一个人喊累而停止，相反只会受到教官加倍的体能训练。11 月的南方午后仍有灼人的日光，在烈日底下站军姿对女生是一种残酷的考验。我那么切肤地感受到汗水划过后背滴淌在地上的感觉，军装上浸透的汗水在太阳底下也蒸发不去。或许已经觉得自己到了忍受的极限，但每次都跟自己说再坚持一下就会挺过去的。生活中，每个人都在为自己的未来奔波劳碌，力不从心的时候感到疲倦是人之常情，但若想掌握现有的生活，不挺住谁会给你未来？美好的将来需要靠自己双手打造，女生同样可以闯出自己的一片天。不需要惊叹男生方阵那铿锵有力的步伐，严阵以待的女生一样可以有令人刮目相看的效果。

痛。痛是由不得我们控制的身体感受。孩时我们会在摔倒的痛里学会行走学会站稳；军训中肌肉的酸痛更令我们学会如何与身体的不适抗争。我们一直被呵护如同温室的花儿一般，而女生更多的是娇气，在军训中，每次犯错都会受到教官下达的体能惩罚性训练，每次忍受痛苦执行命令后都会进行自我反省，痛定思痛，我们坚定的意志就是这样一点一滴磨炼出来的。“天将降大任于斯人也，必先苦其心志，劳其筋骨……”古人如是说。

扛。女生身形瘦小，肩膀不宽，但这并不是我们遇事逃避的借口。当嘹亮的号角吹响，穿上了绿色的军装，站在训练场上的军中绿花也是英雄。我们的口号坦荡有力，步伐整齐划一，有“全力以赴，做到最好”的信念皆因有了一个维护集体荣誉感的念头。这一路我们走得不容易，但昔日脆弱的我们扛过了身体的苦痛，扛过了被教官批评的委屈。吃得苦中苦，方为人上人，要成为巾帼英雄就该扛起苦难并昂首走过。

长大，是一个空泛的词。但在军训中，却可以具体到严于律己、团结一致、坚持到底……“军训一阵子，受益一辈子。”我们在这段时间里学会了如何坚持、忍耐、反省和自信，这些感悟就是我们成长的见证。

结营一刻，心中激荡起嘹亮的军歌，绿军装的飒爽英姿挥之不去。我自豪，我骄傲，尝尽军训百味，巾帼终得扬眉。

（指导老师/李志国）

我们一起走过的军训

软件学院　郑晓娟

军训，说得合理是锻炼，说得更合理是磨炼。

——题记

伴着军训专车的启动声，怀着期待与恐惧的心情，我们驶向了基地。在到达的那一刻，映入眼帘的虽没有想象中那恶劣的环境，但周围却充满了一种肃杀与庄重之感。带着好奇和惧怕的心，就这样，我们开始了长达十几天的军训生活……

或许军训的生活看似枯燥、乏味。每天吃饭、训练、睡觉。就是这样看起来三点一线式的生活，其中也不无乐趣。吃饭前的必修课——唱歌，一首《团结就是力量》的歌曲在这里“惊心动魄”地演唱，各班比赛着那嘹亮的歌喉；训练时虽是严格要求、严格规定，可铁骨柔情的教官会在休息期间给我们讲故事、开玩笑，让汗水中依旧有欢声笑语的存在；睡觉虽是最平凡的事，但这里依然不平凡，每天听着哨声作息，还要时刻担心着教官的紧急集合，因此上演了不少趣事。是的，部队生活是多姿多彩的，往往平凡的事情凸显着不平凡的气息。

训练过程是累的。一个口号，一个动作，而且每个动作都必须到位。站军姿，看起来虽是最基本的动作，但它还是同等的累人，“抬头、挺胸、两眼平视前方、两肩后张、身体前倾、两脚尖分开 60 度”，教官的口令时不时会在耳边响起。炎炎烈日之下，身着迷彩服，那便是一名士兵，一名不怕苦不怕累的士兵。站姿、蹲姿、坐姿、跨立、齐步、正步无不考验着你的定力与耐力。在训练当中，完全可以体验到一种精益求精的严明态度、一种追求高标准的严格要求、一种服从、绝对服从的纪律观念。我想这便是军训的要义。

正是这样的训练，让我明白了许多东西。训练时，每次坚持到最后休息时，都有一种油然而生的自豪感。因为我坚持下来了，虽是烈日当空，但我并没有被打败，我懂得了毅力可以使人超越自我，使人激发潜力。原本我并不认为自己可以，但却因为不想连累同甘共苦的姐妹，我战胜了自己。或许这便是集体的力量与意识的作用吧！可是有时真正累得不行，心里便会祈盼着、奢望着那休息的号令，哪怕只是短短的几秒。是呀，如果没有经历过军训的洗礼，我想我真的体会不到我们的校园生活是那么的美好……

这里的纪律是铁，这里的毅力是钢。就连走路都要规规矩矩“走直线，拐直角”；宿舍里物品的摆放，被子的叠放都有规定；吃饭时只有当口号响了，才能动筷……或许，刚开始真的会有些反感。但后来惊讶地发现，正是这条条框框的规定，把同学训练得堂堂正正，犹如楷书，横平竖直，坦荡有力。同学们走起路来昂首挺胸，自信飞扬；宿舍干净整洁，看着倍感舒心；吃饭时静如晨昏，唯有筷子声……这便是军训的魅力，潜移默化地影响着我们的一言一行。

军训的日子虽苦，却像破土的春苗可以体验到那种新生的快感。这里让我明白了胜利终将属于有信念的人；这里让我明白了个人的魅力远没有集体的力量来得更动人；这里让我明白了毅力是可以锻炼出来的；这里让我明白了纪律高于一切。是的，只有经历过才能知晓军训的韵味，这里没有婉转的歌喉，有的是荡气回肠的高歌；这里没有借口与狡辩，有的是绝对服从；这里没有不合理的训练，有的是更合理的磨炼。磨炼着我们的意识，一种吃苦、团结、守纪……的意识。

军训，或许已超越了其表面的单纯含义，它是一次宝贵难得的经历，更是一种在困难与挫折下所表现出的勇气和毅力。军训一阵子，受益一辈子，那些天，我们走过的军训……回首，受益匪浅！

（指导老师/任亚洲）

绽放青春的光芒

交通与环境学院　王晓雯

“立正！向右看齐！向前看！齐步走！一二一，一二一……”一排排身穿迷彩服的他们顿时抬头挺胸，腰杆挺直，踏着整齐的步伐，迈着豪迈的脚步，一路走过，便能感受到他们那雄壮的气势。丝毫不逊于战场上的士兵，他们一个个精神抖擞，集中精力听着教官的口令，正在训练着。

没错，那就是我们在国防基地接受阅兵时的写照。记得刚到达这里的时候，我们对于一切都感到好奇、新鲜，虽然预料到军训会很辛苦，稚气的脸庞还显示着我们的娇嫩，但来到这里，穿起迷彩服，代表着我们来到这里就是要磨炼我们的娇嫩，磨炼我们的精神、意志。

在炎炎烈日下，我们站军姿，一动不动，脚早已麻木到没有知觉，眼前一片黑暗，可我们还是执着地站着，因为我们明白什么叫军令如山，什么叫团队纪律，不能因为自己一个人而影响到整个团队。在家里父母把我们捧在手里，可是在这里不会，一切都要严守纪律，听从指挥，服从命令！它让我们知道在未来的道路上，就算遭遇再大风雨，也要学会坚持。意大利流传着一句话：“凡事在成熟前，都是有苦味的。”的确，没有经历过量的磨炼，又怎能达到质的飞跃呢？站完军姿后有的同学累得倒下了，可在这之前他们坚持着，不到教官喊停都没动过，在那一刻，娇生惯养的我们都意识到，这里不是自己的家，没有父母在身旁，一切都要自己去承受，咬着牙坚持到最后。就是这样，我们褪去了身上的娇嫩，多了一些成熟。

踢腿练习是基础。现在多数同学出门都以交通工具代步，所以踢腿对我们来说无疑是最痛苦的。不断的踢腿练习让很多人脚筋拉伤，但也有一些人坚持不懈，酸了痛了就用热水敷一敷，揉一揉，第二天继续练习，他们无疑是拥有坚强意志的人。苏轼有句话："古之立大事者，不惟有超世之才，亦必有坚忍不拔之志。"成功的大门从来都是向意志坚强的人敞开的，意志脆弱的人只能被淘汰。在自己年轻的时候吃点苦受点累又算得了什么，唯有意志坚强的人方能立足于竞争激烈的社会之中。

齐步走是每天必不可少的功课。同学们从开始的"无拘无束"到后来的整齐划一。在训练过程中，有的同学脚抬太高了，有的同学走得太慢了，经过刻苦训练，不知不觉大家已融为一体，团队精神也在无形之中建立起来了。俗话说："一根筷子容易折，十根筷子难折断。"一个人的力量是有限的，而大家的力量是无限的。世上没有不劳而获，建立团队精神需要我们每一个人的努力，需要我们共同配合，才能整齐地走出我们的方形队伍。

"军训一阵子，受益一辈子。"这句话用来形容我们这十多天的军训是最适合不过了。在这里，我们锻炼了身体；在这里，我们充实了精神世界；在这里，我们演绎了青春的骄傲。平凡暗淡总是让人遗忘，既然我们从时代的大舞台上走过，那么便要让自己的青春无悔，更要让自己的青春闪耀出更加夺目的魅力之光。

（指导老师/李志国）

在磨炼中成长

电子与通信学院　张锡旺

虽然军训已经过去了十多天，但每每想起那时的日子，那些熟悉而又陌生的场景还是会清晰地浮现在脑海里！伟大的革命导师列宁同志曾说："忘记过去就等于背叛。"身为共产主义的接班人，我们更应该铭记过去，谨记军训所给我们带来的收益和教训！

借口是属于失败者的，这就是我在军训时所得到的第一个教训。那是在刚开营的第一天，很多人心里都还不怎么把军训放在眼里，依然是跟在学校里一样，我行我素，该迟到的迟到，该拖拉的拖拉。最后教官怒不可遏，当即要罚迟到的同学练半个多小时的蹲姿！有些同学反应说是由于搞内务才会迟到的。听到这话，教官变得更加恼火了，他冲到说话者面前，几乎是吼道："你还是不是男人，哪有那么多借口!? 军人的天职就是服从命令，借口都是属于失败者的!"

听到这话，我心里是极大的震撼，随即是强烈的认同感。是啊，成功者是不需要借口的，错了就认，并加以改正，而失败者却是喜欢用借口去掩饰失败的事实，然而欲盖弥彰，这也许就是其失败的根源吧!

每一次都要做到最好，这是我的第二个感悟！那是在军操排练的时候，我们来到基地已经有一段时日了，然而，每天高强度的训练还是让有些同学喘不过气来。所以，到了军操排练时，同学们就不愿再尽心尽力去做了！而其结果就是总教官让我们一遍又一遍地操练，人人都苦不堪言，甚至有人在暗骂：这教官是不是变态啊，这训练还没完没了了。在最后，教官的一句话才让我恍然大悟：“要是你们还是这样应付式的状态，那我告诉你们，今天的训练就不会停止，每一次训练，即使是排练，都必须全力以赴，做到最好！”

是啊，人生没有排练，每天都是现场直播，对于每件事，我们都必须全力以赴，做到最好，这样才不会辜负我们的一生！

坚持就是胜利，这也许是最多人共同的感叹了。军训这一路走来，从最初的忐忑不安，到中期的磨砺，乃至最后的坦然，在这其中的每一阶段，有人因受不了训练而想过要放弃，也有人因病痛而被劝离开，但最终他们都没有这样做，他们选择坚持了下来，一直到最后结营，大家都一样坚持了下来，我们都是胜利者！

有句话说得对，世上无难事，只怕有心人。坚持就是胜利！在磨炼中才能成长！

以上几点不过是军训收益中的沧海一粟罢了，“军训一阵子，受益一辈子”。虽然军训只有短短的十来天，但于其中，我们能得到多出数十倍的回报，生活并不缺少美，只不过缺少发现美的眼睛，铭记军训，感悟军训，在磨炼中成长，我们将会活得更加精彩！

（指导老师/王超）

军训雨·青春虹

财经学院　杨志杉

《钢铁是怎样炼成的》中有这么一句话："生活赋予我们一种巨大和无限高贵的礼品，这就是青春；充满着力量，充满着期待，志愿，充满着求知和斗争的志向，充满着希望和信心的青春。"如今，我们的青春就在眼前，如何才能成就自身，不枉青春时呢？军训正是我们不二的选择！10月23日我抵达深圳国防教育基地，并在基地里接受为期半个月的军事训练，如今回到学校，每每回想起军训期间的点点滴滴，我都感慨万分，豪情油然而生。

军令如山，服从至上。黑格尔曾说过："秩序是自由的第一条件。"俗语亦有云："无规矩不成方圆。"事实如此，在军队中遵守纪律，服从命令便是军人的唯一自由。军训期间，刘总教官便一再强调学员要严格服从教官的命令，这为军训的顺利开展奠定了坚实的基础。军训的严格纪律磨掉了我们心中的棱角，使我们更好地融入了集体，与他人携手共同拼搏，焕发青春激情。

自强不息，百折不挠。"天将降大任于斯人也，必先苦其心志，劳其筋骨，饿其体肤，空乏其身。"军训期间，凡事都得亲力亲为。如教官所说，合理的是训练，不合理的是磨炼。军训课程令我很累，每当回去休息，又得洗衣服，叠衣叠被……实在是累上加累，但我知道彩虹之所以如此美丽，是因为那是阳光在风雨之后洗尽铅华的真正本色，军训也是让我们洗尽自身的惰性，展现自立自强之心的机会。独立便是为了更好的自强。

军人亦有泪，只是不轻弹。“临行密密缝，意恐迟迟归。”军训半个月，与母亲通过一次电话，她语气中的关切之情令我不由得鼻子一酸，眼眶不禁通红。“谁言寸草心，报得三春晖。”但我坚信接受军训，锻炼自身将为我报答母亲打下坚实的基础。军训期间，学校领导亦有亲自来慰问，令莘莘学子心头一暖，我们立志成材，报答母校，掉皮掉肉不掉队，收拾柔情，梦想启程，即便前方困难重重，我们也要披荆斩棘，百折不挠。

一身戎装使我们热血沸腾，一声军令使我们肃然起敬，一曲军歌使我们豪情满怀……军训之雨，洗净青春铅华，呈现缤纷未来！

（指导老师/李时健）

蜕　变

软件学院　冼土茜

当校长在结营仪式上宣布深圳信息职业技术学院2013级新生军训结营时，这意味着为期十三天的大学军训生活落下了帷幕。我要感谢这十三天，因为这十三天，我已经蜕变了，不再是那个懦弱、娇滴滴的孩子。

在军营中，我们不仅学习站军姿、稍息、跨立、齐步走等，还丰富了许多国防知识。军训的第一课是站军姿。我们要挺着笔直的身躯，纹丝不动，而且要坚持半个小时。即使我们站得腰酸背痛，我们还是选择坚持；即使豆大的汗水顺着脸颊淌下来，我们也不会去擦；即使汗水浸湿了我们的衣衫，我们还是没有任何怨言。通过这一课，我懂得了坚持就是胜利，只有坚持，我们才能超越自我，才能把不可能变成可能。每当望着操场上迎风挂着的“军训一阵子，幸福一辈子”的横幅时，我总会想起英国诗人雪莱说过的：“冬天来了，春天还会远吗?”是啊，只要我们坚持住，我们的体魄就会变得更加健壮，内心也会变得更加强大。

在军营中，如果一个人犯错，教官罚的不是一个人，而是整个班、整个学院，因为我们同在一个集体中。一个集体若想在阅兵仪式上展现英姿飒爽的风采，团结是最重要的。众人拾柴火焰高，若没有团结，小碎步不会响亮；若没有团结，齐步走就不会整齐，正步走就不会壮丽。只有大家团结一致，我们才能走得认真，走得整齐。从中我学会了在一个集体中，我们要齐心协力共进退，当个人利益与集体利益发生冲突时，我们要以集体利益为重，强调个人主义就等于主动脱离集体。一个优秀的集体，需要我们用真诚去经营，真心对待集体中的每一个人，认真对待集体中的每一件事。

在军营中，我们要按规定的时间训练、休息。经过这十三天充实而又有规律的生活方式，我习惯了早睡早起，做事情也不愿意拖拖拉拉了。我明白了有规律的生活方式可以让我们更充分地利用时间。时间观念强是一种较高素质的体现，在时间上严格要求自己是心灵的成熟，内心的丰盈，是一种为人的智慧，生活的艺术。因此，我们要做一个有时间观念的人。

经过这十三天的磨炼，我的精神面貌得到了改善，综合素质得到了提高；这十三天，锻炼了我的体魄，磨炼了我的意志，培养了我的习性；在这十三天里，我增添了一份成熟，割舍了一份稚气，增添了一份坚强，丢弃了一份柔弱。

最痛苦的经历是最美好的回忆，我们的青春因为有了这汗水的洗礼而变得坚韧不拔。这次军训体验将永远铭刻在我的记忆中，因为在这里，我学会了如何面对生活、面对困难、承担责任、赢得荣誉。

如果说人生是一本书，我将永远感谢军训这精彩的一页。

（指导老师/李林锋）

军训一阵子，受益一辈子

数字媒体学院　卢执

时间的流逝如白驹过隙，来也匆匆，去也匆匆。转眼之间，军训的日子便已远逝，成为大学生涯中难忘的第一课，沉淀在记忆里。

清晰地记得领到军服的那一刻，脑海里立马浮现出自己身着军服面向阳光站立在训练场上的一幕。或许，这是以往军训记忆的浮现，那种既疲惫又兴奋的日子，是心中难以忘怀的；或许，这也是现在对大学军训的回顾，更是当初一颗渴望体验的年轻的心对军训的憧憬。

如我期盼的一样，军营是一片铺天盖地的绿，不只是环绕营地的绿色的山，更是那散发青春活力的迷彩绿。那绿是纪律，是对每个军人的基本要求；那绿是团结，是战友团结一心的标志；那绿是荣耀，是战士身披的战衣。

开营仪式上教官便讲，身着绿军装，你就是一名军人。作为军人，在夜的帷幕尚未拉上的时候，就要早起出操，在昏黄的灯光中洗漱，整理内务，之后，天蒙蒙亮了，太阳还未升上山头，我们已站着挺立的军姿开始一天的训练，这便是军训的开始。刚开始，便一下子颠覆了我们日常的生活习惯，平时非得等到刚好赶上上课时间才起床的我们，在一清早，就必须准时出现在训练场上，往日懒懒散散的自己早已不见踪影，取而代之的是军人的整洁利落及其振奋的精神。这是最初的改变，也是最明显的改变，军训刚刚开始，便给了我们一个良好的作息习惯。

“齐步，走……”教官一声令下，训练开始了。平时看似简单的齐步，也要我们一遍一遍地重复才能走好。即使烈日给我们脸上“抹”上了汗水，即使微雨湿透了军装，我们依然默默地训练着，没有怨言，更没有娇气，我们懂得人要吃苦才能成长，14 天的军训正是这么一个成长的机会。我们今天坚持了，在以后面对困难的时刻才能有“咬定青山不放松”的精神。更何况，训练场也是一个竞技场，为了班级的荣耀，有谁愿意轻易当逃兵？每个人都是顶着“掉皮掉肉不掉队”的念头坚持着“谁英雄，谁好汉，比一比，看一看”。

军营更如一个大学堂，短暂的军训时间里我们便会受益良多：一人犯错，全班受罚，无疑是要求我们团结；训练中学员与教官的磨合让我们学会谅解；“不是不会，就看你愿不愿意去做”，教官的肺腑之言教我们约束自己……我们学到的，实在太多。

军训时的艰苦训练，军训后我们收获颇丰。军训，不是训完就过了，那些深刻的记忆，那些课堂上无法学到的知识，是我们一生的财富，在日后的生命长河中，将激荡着欢腾的浪花。就如训练场飘扬的横幅上宣示的“军训一阵子，受益一辈子”一样。

（指导老师/谢红梅）

一次军训，一份感悟

商务管理学院　薛翔尹

军训结营已经有一个星期了，但我仍旧沉浸其中。

这次为期十四天的军训是我从小到大印象最深刻也是最愉快的一次训练。当时住在五十八个人的宿舍，开始很不习惯。但随着时间的推移，我逐渐适应并习惯这种生活。军训前，我对班里的部分同学是有点偏见的，但这次的集体生活让我深入地了解了她们，并发现了她们的优点，我不再讨厌她们了，因为我开始懂得——不要用眼睛看人，而要用心去感受。

住在一起的人多了，摩擦自然而然就会变多。都说三个女人一台戏，那五十八个女人呢？简直就像一个菜市场。开心的时候很多，吵架的时候也不少。假若我们不顾他人感受没完没了地争吵，想想都是件极其可怕的事情。这时候，我们必须懂得互相体谅、互相包容。人与人之间的相处是需要技巧的，而能让我们和平相处的原则就是互相体谅和包容。如果我们能够更多地站在对方的立场去想问题，这样事情才会变得更简单些。

整整十四天在军训基地接受封闭式训练，而我在去那之前给自己制订了一个计划。随着社会的发展，21 世纪的我们就像 502 胶水般狠狠粘住手机与金钱，所以我想考验一下自己，在不带手机、只带些许现金的情况下是否能熬得过这两个星期。头几天，突然不携带手机的我变得有些无所适从，似乎一下子与这个世界隔绝了一样，那滋味是相当的难熬。但慢慢地，军训基地的严格作息规律和永无止境的操练使我很快适应了没有手机的生活。在基地这样一个封闭的环境里，没有鲜艳服装和奢侈品的攀比，有的只是统一的迷彩服和服从命令的坚定，我也失去了花钱的欲望。渐渐地，随着军训一天天地进行，我发现自己已经完全适应了没有手机和不大手大脚花钱的生活，开始有点享受这种踏实与简单的生活。我意识到，在这繁忙的社会里，我们真的失去了很多最原始的快乐和满足。庆幸的是，我及时发现了这点，虽然说不能百分之百地脱离手机，但我知道在以后的日子里该怎么与手机和金钱“相处”了。

军训结束了，仅属于军训的回忆固定在了那个时空。毫无疑问，这次的军训使我收获了很多，无论是在人际交往方面还是对我的生活，我都会好好珍藏这份回忆的。

（指导老师/郑嘉玲）

这样的我们，请永远记住

机电工程学院　张静怡

我们怀着紧张而激动的心情踏上了军训的旅途。

军训，就是增强我们的体质，锻炼我们的毅力，磨炼我们的意志，使我们更强大，更加成熟的一次军事训练。在这13天里，有汗水有骄傲，有泪水有欢乐。这大概是我在学生生涯中的最后一次军训了，所以我也特别想珍惜，特别想记住每一刻。

还记得在军训基地开会那晚，因一只蟑螂引发全场混乱并导致全体被罚蹲姿的我们；还记得上国防教育课和消防演习课获益良多的我们；还记得在训练场上汗流浃背但依然坚持训练的我们；还记得休息的时候与教官聊天轻松愉快的我们；还记得校长来训练基地慰问我们并为我们加菜，苦中有乐的我们；还记得训练完我们结伴去买西瓜吃饱喝足的我们；还有被蚊子反复的叮咬肿了皮肤而欲哭无泪的我们。每次站军姿当作是训练礼仪（本人是校礼宾部礼仪队一员）绝对认真的我，最后还有特别珍惜这次军训的我……

每一天，我们都会排着整齐的队伍走向训练场，路上的名人名言总会吸引我的眼球：邓小平，黄继光，雷锋等等。我从心底敬佩他们，这使我的爱国之心更加强烈。记得毛主席说过一番话："有的人学习看起来是努力的，但是目的却是为了自己个人的利益，为了谋取个人的功名利禄，这是很没有出息的人，我们应该时刻寻求救民救国的真理，为了改造社会而发奋学习，为自己的国家自己的民族做贡献。"我们应该要努力学习，锻炼身体，培养高尚的品德，为振兴中华民族贡献出自己的一分力量。

“平时多流汗，战时少流血。”也正如我们做事一样，平时多点细心努力，做起事来也会少出问题。“军民团结如一人，试看天下谁能敌”教会我团结就是力量。其实这些军事名言也能深深融入我们的生活中，13天，真的让我感触良多。

“严格训练，严格要求，提高警惕，保卫祖国”，每天我们边踏着正步边喊着，现在耳边偶尔会响起这几句口号，13天的军人生活真的令我很怀念。我们身处军训基地，就是来体验生活，而不是来享受生活的。是的，我体验到了，而且让我更懂得了珍惜现在的生活。

在这里，有一种纪律叫绝对严明；在这里，有一种命令叫绝对服从；在这里，有一种惩罚叫体能训练；在这里，有一种日子叫军人生活；在这里，有一种关系叫团结友爱；在这里，有一个优秀班级叫机电军训7班。

绿色军装最落落大方，庄严军歌最荡气回肠，做军人最伟大最自豪！

（指导老师/苏曼虹）

酸甜苦辣话军训

财经学院 陈嘉玲

很多人都认为军训很苦，很累，这无可否认。然而，当你真正融入军训这个大家庭里，你会发现，在这里，其实包含着百味人生，有着多姿多彩的滋味，苦辣酸甜，每一点都值得回味和收藏。

一、汗水与呵斥的苦和辣

如果说以前的我，是从未真正地经历过艰苦和磨炼，还是那副“少年不识愁滋味”的模样，那么经历过这半个月的军训磨炼，我自己觉得我个人有了很大的进步。

不同于以前中学的军训，这是我第一次穿上迷彩服，在镜子前一站就感到有一股英姿飒爽的范儿，让我对接下来的军训科目有了很大的期待。然而，当我们真正开始了训练：立正、下蹲、站军姿、走齐步、踢正步……特别是站军姿的时候，抬头挺胸收腹、肩膀拉开背挺直，一分钟过去了，十分钟过去了，二十分钟过去了——我们的脚开始麻木，双膝感到酸痛，如同被针扎一般。即使在凉爽的秋天天气里，汗水仍把我的军服浸湿，可是教官那棱角分明的脸庞还是一如既往地严肃冷峻，一点也没有让我们停下来休息的意思，偶尔一个锐利的目光扫过来，立刻让我那想偷懒放松双腿的小心思烟消云散。好不容易挨到教官开了“金口”让我们休息，我已经觉得自己要虚脱了，这时教官就站在队伍前面厉声指责我们缺乏锻炼，一个基本动作都练不好，严重拖慢了进度，虽然没有指名道姓，但一想到自己训练时摇摇晃晃的身躯，再对比一下我前边立定如雕塑般的同学，我就无比羞愧，汗颜。后来我更是被教官批评身体四肢的动作不协调，在训练过程中不够认真，还被单独叫出队列训练，让我大受打击，这时候我才知道，原来自己一点也不够坚强，不能吃苦耐劳，一直把自己当成小孩，习惯在父母的羽翼保护下不想长大。此时，教官威严的声音又在耳边响起，十分钟的休息时间过去了，下一轮的训练即将开始，我暗下决心，一定要坚持每一轮训练，我必须退出被呵护的角色，学会独立承受磨炼和痛苦，要从每一次坚持中，找到属于自己的太阳，自己的天地。

二、歌声与笑容里的酸和甜

军训的生活很艰苦——清淡的饮食，普通的宿舍，一轮接一轮的训练，操场、食堂、宿舍三点一线，这就是我们的军训生活。然而，我却在这简单而艰苦的生活中学到很多。

“天行健，君子以自强不息。”通过我的努力和坚持，再加上队友的帮助，我从退出队伍单独训练到重新回归集体训练。在踢正步时虽做不到“摆手如闪电，踢腿如射箭”，但至少也能跟上队友们的步伐。这也让我深刻领会到团结的力量。因为我本身身体条件就不是很好，在军训的日子里大家都对我很关心，每次训练不到位大家都帮我纠正，为了完成教官给我们定下的目标，我们互相鼓励互相帮助，每次休息，我们的方队都充满歌声和笑语，后来连教官也被我们感染了，在休息的时候也给我们讲了许多他们当兵时的趣事，让我们笑得前俯后仰，大家一时忘了训练的苦和累。“宝剑锋从磨砺出，梅花香自苦寒来”，我们的坚持最终都得到了收获——友谊、坚强和笑容！

人们常说，谁坚持到最后，谁就能获得胜利。这次军训，我觉得我已经获得了最大的胜利！

（指导老师/ 黄桂玲）

青春绽放

软件学院　梁豪锋

为期两周的军训生活转瞬即逝，军训是苦的，但我们在这次历练当中的收获将令我们受益终生。

在收到军训通知之后，我兴奋的同时却也心怀忐忑。我满心期待着从未体验过的军训生活，但同时对军训那种严酷的训练和严格的制度感到恐惧。军训期间，严格的作息时间管理让我难以适应，我们就像是计算机程序一样，按着预先设定好的程序执行军训中的每一件事。

在这短短两周的军事训练中，我的体质得到强化，我对很多事情的看法也都有改变。军训让我深深地感受到团队合作、团队精神的重要性。

在这里，基本单位是一个班，一个班就是一个集体，集体中的一员犯了错，受罚的不会仅是他一个人，整个集体都将受到牵连。军训所训练的对象，也不是以个人为单位，而是以一个班为单位。

在吃饭前的拉歌，更加体现出团队合作的重要性。想要声音高亢洪亮，每个人都必须唱得嘹亮，每一员都必须参与其中，缺一不可。

军训时的每一次踏步，每一个转身，教官要求我们的团队动作都必须整齐、有力，让我深深地体会到了团结的力量、合作的力量以及团队精神的重要性。我相信，一个个体的动作不到位，整个集体的效果也不可能完美。无论缺少了哪一员，都不可能训练出一个高质量的团队。而当我们每个人都自觉融进这个集体，那么个人的得失将显得微不足道，集体的力量与团队精神也将发挥到极致。

在国防教育训练基地里，人多地少，并且由于硬件设备的数量无法满足需求，加上作息和训练时间的严格，我发现若是按照正常的时间起床，根本不能准时到达训练地点。即使我提前半小时起床，都难以按时完成任务。因此我们无论做什么，都要考虑到集体的利益，每个人的动作都要迅疾如雷、动若脱兔。在这样程序化的生活中，规律的作息时间使我养成早起早睡的好习惯，还使我学会了做任何事都要把握先机，不能落后于他人。相信这对我以后的学习、工作和生活起着巨大的影响。

军训前，我们几乎都是温室里的花朵，娇生惯养，弱不禁风。但经过了短短的军训的艰苦磨砺，我们的精神和身体都发生了巨大的变化。我们的意志更坚韧不拔，体质更强壮健康。同学们也相互加深了了解，相处更加和睦，集体更加团结一致，每个人心中的个人主义弱化了，这一切都在表明了我们在蜕变！

“合理的是训练，不合理的是磨炼。”教官的这句话深深地印在我的脑海里。军训不但培养了我们吃苦耐劳的精神，更是磨炼了我们坚强的意志。

军训如同一季寒冬，我们经历过这场风雪之后，绽放的是更加精彩的青春！

（指导老师/李林锋）

正能量伴我涅槃

交通与环境学院　罗芸

孟子曾说过："天将降大任于斯人也，必先苦其心志，劳其筋骨，饿其体肤，空乏其身。"军训的十三天对我们虽是肉体上的折磨，但却锻炼了我们的意志品质。它在我心中镌刻了一道风景，形成了巨大的正能量。我愿意记得军训中的酸甜苦辣，因为这将会是我生命中的美好回忆。

给我正能量最多的，是我自己。在前往基地的前一天晚上，我辗转难眠，心中对军训充满了无限的期待，但也有点忐忑。当登上前往坂田国防基地的校巴那一刻起，心中突然产生了种"风萧萧兮易水寒，壮士一去兮不复返"的悲壮之感。即使如此，我的心里仍然暗暗发誓：就算再苦再累，我也要坚强。有句歌词说得好："不经历风雨，怎能见彩虹。"

生活总是习惯在不经意间给人惊喜，我必须承认的是军训确实给了我一些没想到的东西。我所认为的军训在通常意义上是体能考验，但是经历了才发现，其中涉及的不仅是体能，更多的是自我突破。军训的第一天，我就感受到了军人式生活的紧凑——吃饭前要唱歌；吃饭时必须鸦雀无声；洗澡时间短得让人不可思议，每个同学仅有五分钟的时间，在这里，我终于知道了何谓"战斗澡"；还有早起晚训……这些对于我来说，都是从未经历过的事。其实在这个时候，我很想跟爸爸妈妈诉说这一切，可却担心父母的牵肠挂肚，也怕自己控制不住酸楚的泪水。但是，正是如此辛苦，才体现了军训的价值，让我们了解了军中生活，体会了军人的艰辛，感受到了军人的豪迈气概。这些军训的正能量使我们的精神受到了一次洗礼，让我们从温室中的小花蜕变成一支支铿锵玫瑰。

立志不坚，终不济事。军训的生活固然枯燥却又井然有序。站军姿，教会了我们坚持。也许你会觉得这有什么难的，但实则不然，倘若你按标准的军姿，两脚分开约60度，双腿挺直夹紧，两手自然下垂，五指并拢，身体微微前倾，坚持不动站半个小时，你就会发现腿和脚又酸又麻得完全不能忍受。有好几次，我感觉自己顶着热辣辣的太阳都快要晕倒了。但是，正因为如此，我们才能把中华民族坚贞不屈的“脊梁骨”精神和坚韧不拔的毅力化为一股正能量传承下去，引领后人。

众人拾柴火焰高。练正步，教会了我们团结。正如军歌中唱的：“团结就是力量。”的确，正步，不仅只要求个人的动作要规范标准，还要与整个队伍动作协调一致，否则，这个队伍只会像一堆散沙。因此，直到最后几天，我们仍一次又一次不畏艰辛地训练、调整。俗话说：“一分耕耘，一分收获。”我们的辛苦没有白费，在每一位队员毫无保留的付出下，最终风华灵动，流光溢彩——我们被评上了“优秀班级”。我们为自己感到骄傲，也为交通与环境学院赢得了荣誉。

“是雄鹰就该搏击长空，是蛟龙就该遨游四海。”军训的经历俨然已成为我们人生中不可或缺的宝藏，它让我们从稚嫩走向了成熟，犹如凤凰涅槃。未来的路虽然还很漫长，但这些正能量一定会被我牢牢珍视，被我时时回味。军训，感谢你两周的陪伴，促我成长，伴我涅槃。

（指导老师/李志国）

军训，我该怎样诉说对你的思念

数字媒体学院　刘研敏

十四天的军训在2013年年11月4日圆满地结束了，这一天将在我的记忆里成为永恒。短短的军训生涯虽然结束了，但是我似乎还没有从军训中调整过来，在回来学校的这几天还是会在没有闹钟的情况下，五点半自动醒过来。这是军训后遗症吗？抑或是已经习惯了这种早起的生活呢？

在还没有开学的时候，我躲在空调房里看着外面火辣辣的太阳，就会担心军训生活的种种。但是当成为一名大学生的那一天起，与新朋友认识的喜悦让我把对军训的所有害怕都抛之脑后。我知道，在这里我将会开启我的新征程，在这里会有新朋友、新生活、新体验……

军训的日子来得快走得也快，当我们在军训刚开始还在埋怨十四天的漫长时，而第十四天的日子却在我们的每一天的悄悄变化中来临了，因而我们感到依依不舍。还曾记得，我们刚开始和教官还相处得很羞涩，教官也是很拘谨、不苟言笑的样子；还曾记得，整个军训班被罚的种种，只因为教官要告诉我们什么是团队、团结与合作，这些字我们一直认识却不知内涵，在军训的日子里我们懂得了；还曾记得，五点半起床时太阳还未露脸的天空，天色灰暗却又有一种对光明的期望；还曾记得，几十个人一间房，晚上相互鼓励的话语；还曾记得，老师送来棉被时我们内心的感恩；还曾记得，跟同伴们一起分享一杯水的喜悦与满足；还曾记得，教官那张严肃而又亲切的脸上偷偷流露出的关怀之情；还曾记得，有句话说“无法回味的感觉才是最美妙的感觉”，这种军训带给我的感觉就是只可意会却不可言传，那味道就像一杯淡淡的茶，只有品茶的人才懂其中的味道。

军训，对于每一个人来说，应该都是一种很难忘的回忆，也有一种很特别的滋味。也许有些人以后进入社会，还需要军训，但我相信那种感觉肯定是不一样的。人只有在挫折中才能变得成熟，在困难中才能变得坚强。这短短的十四天，让我体验到了这平凡生活中的快乐，让我体会到那淡淡的幸福，让我更加珍惜以后的生活，让我更加坚定以后的路要一步步踏实地走好！

（指导老师/刘礼）

感谢军训，让我长大

计算机学院　李昀儒

13 天的军训结束了，现在回想起来就好像是发生在昨天的事情。军训过程中有苦有乐，有欢笑有眼泪，每当回想起 13 天经历过的一幕幕，我感觉真是别有一番滋味在心头。

11 月 6 日，当大巴缓缓开进坂田军训基地时，我心中装满的是忐忑和迷茫。但在教官洪亮的口令声中，我很快便进入军训状态，从一名大一新生转变成一名新兵。踏正步、走齐步、蹲下起立、跨立、立正等这些看似简单的军姿是我们那半个月学习的科目。教官说："来到这里就不要把自己当女生、当学生；来到这里就得把自己当男生、当新兵。"适者生存是这个社会的法则。只有把自己武装得更加强大，才能生存。军人的生活就是军令如山，军人的生活就是服从。

在军训的 13 天里，我深刻地体会到什么叫"有福同享，有难同当"，教官说过军人的友谊是一起出生入死的友谊，我们每个人都是集体的一分子。有一次，因为军训班级里有一位同学迟到了十分钟，教官让我们全班同学蹲着等那名同学。教官讲了很多，我们也想了很多，不要去埋怨对方的过错，因为大家是一条船上的人，谁都不想让船沉，所以大家只能共同进退，不要分你我他，团结才是这个集体的灵魂。这样的团结，还体现在同学们之间的互帮互助。军训期间，我的腿扭伤了，走路很不方便，走在路上时总有同学来领着我，扶着我去医务室，询问我的伤情等等。同学们给予我的关爱让我十分感动。同时，我也努力传递着这份温暖。与我同在军训班的一位女同学在训练中韧带拉伤了，上下楼梯和去洗手间都很不便，我就承担起了这份帮扶的责任，当起了她的“活拐杖”。与人相处是人生的一门功课，同学们之间互相帮助互相关心，传递着同窗之间真挚的爱。

每个人的意志力都不同，关键在于如何磨炼。军训的半个月，我们天天都在磨炼自己的意志力。坚持就是胜利，不要退缩不要后退，要勇往直前。回来以后，每当我在学习中遇到困难想放弃的时候，我都会想起那半个月，那么难熬的日子我都挺过去了，现在这一点点挫折困难算得了什么。我相信，只要我不放弃，任何苦难都能坚持下去。我深切地感受到，半个月的军训，对我今后三年的大学生活和毕业后的社会生活都有很大的帮助。

时间观，这个快被个别人遗忘的观念，在军训时再一次为我们上了一堂课，时间观可以鉴定一个人的品质。守时是礼节与礼貌的体现。这里的环境不如学校和家里好，但我却从那里学到很多宝贵的经验知识，一些老师教不了、书本学不了、父母给不了的知识。

军训时间很短，回想起来真不知道自己是怎样过来的，但却让我受益匪浅。军训成为我人生中充满意义而又宝贵的一堂课，感谢军训，让我长大。

（指导老师/ 陈晓萍）

迷彩军训，青春无悔

计算机学院　张美英

一场军训一场梦，十三天的军训不知不觉已与我告别了，但这十三天的记忆如留在唇边的蜜，舔舔还是甜甜的滋味。

十三天的呐喊，十三天的血汗，十三天的坚强，十三天的随想。衣柜里那一抹亮丽的迷彩色，如青春般骄傲无比。它教会了我什么是团结的力量，它使整个队伍整齐划一，一排排，一列列，是那样赏心悦目、振奋士气；它使整个队伍铸起一座不倒的城墙，响亮的歌声，大气的口号，是那样荡气回肠、声震四方；它教会我什么是坚强的意志，那烈日下静止的身影，那汗流浃背的身体，那脚尖下压的正步，那纹丝不动的蹲姿，那整齐有力的跨步……每一个简单的动作，无数次地重复着，这是一丝不苟的军人精神，这是我们90后该有的时代精神！

“吡”的一声哨声响，整个训练场的人都要起立，听候教官下达训练或休息的命令。是的，这里有严格的制度，由不得你胡来；这里有严肃却不失幽默的教官，让你又爱又恨；这里有严谨的纪律，犯错就要受惩罚。每个人都可以在这里找到自己的位置，找到自己的不足，找到自己的亮点，一样的迷彩服，有不一样的精彩！

在军营里，凡事要按规定来做。站军姿时要纹丝不动，腰间酸痛不已也不能动弹，耳边被风吹动的头发撩动得皮肤奇痒无比，也不能拔开。如果一不小心动了，就会被抓出来做几个俯卧撑，手被水泥地印上了凹凸不平的印记，做完了拍掉身上的灰尘继续站立。训练踢正步，光是一个摆臂练习就够折腾人了，即使枯燥无味，即使手臂酸痛，还要不停地向高标准看齐。意志的磨炼，精神的洗礼，毅力和自我暗示是助我迈过这道坎的主要法宝。

“千磨万击还坚劲，任尔东西南北风。”军训给我身体和精神上都带来了惊喜，带来了改变。军训之后，我对自己更有自信了，走路也不低头缩肩，做任何事情不找借口，做事不拖拉，团结友爱同学，时刻严格要求自己。而今，即使军训渐行渐远，但“稍息”“立正”的口令却时时回响在我的耳边。酸甜苦辣，尽在其中！迷彩军训，青春无悔！

（指导教师/张翔）

军训教会了我

计算机学院　梁赐文

人生，对于男生而言，有两套服装穿起来是最帅气的。一套是西装，还有一套就是军装。而这次大学军训，我很荣幸地穿上了人生第一套帅气的服装——军装，抬头挺胸地向前迈进！

从到达军训基地的第一天，我就打算好好地锻炼一下自我，提升一下自我。为期 13 天的军训，说短不短，说长不长。但这是我新生活的开端，它将为我的大学生活添加浓墨重彩的一笔。在军训基地，我们常听到一句话："当你穿上迷彩服时，你已经不是一名学生，你是一名军人。"没错，穿上迷彩服，我们的身份就不同了，我们要以军人的标准来严格要求自己，要以军人的章程来规范自己。

这次军训，给了我一个融入一个新集体的机会。进入军营的第一天，我们班就分成了 3 组，各组加入到其他班中参与训练。到了一个新的环境，这给了我们一个适应和融入一个新集体的机会。无论是平时操练的一丝不苟，还是唱军歌时的齐心协力，抑或是实弹射击的中规中矩，我看到了我们军训六班这个新集体的无穷战斗力和凝聚力。军训教会了我要热爱自己的集体，无论是新的集体还是旧的集体，都要为集体的荣誉而努力。

这次军训，给了我一个培养集体荣誉感的机会。军训中的队列动作，是需要整个集体来共同完成的。一个人做得再好，不能代表整个集体会做得很好。比如说，齐步走。一个简单的走路动作，我们都要练好几天，才能走出那种感觉。齐步走，哪怕是任何一个同学出现一丁点的差错，都会影响整个集体的协调性。在平时训练中，我们军训六班都非常努力，而我也不例外，耐心地听教官的指导，把动作尽力做到位。为了做到这一点，我们把同样的动作反复练了好几天。虽然我们每天都重复相同的动作，很累，但是作为一名军人，就要吃得苦中苦，方为人上人。

这次军训，给了我一个磨炼自身意志的机会。就拿站军姿来说吧，站立，一个看似简单的动作，却需要我们调动全身的部位去完成，而我在军训之前，我的站姿都是弯着腰，驼着背的，给人一种很不精神的感觉。但是经过军训，我学到了，站军姿是要抬头挺胸的，从此以后，我都会记得，作为一个男人，应该抬头挺胸，要对自己有信心，不仅仅只是站立，连走路都应该要这样。站军姿需要很长时间，全身肌肉紧绷，这样才能体现军人的气质，是军训教会了我，如果不能克服困难，就要用自身的意志战胜困难。

正是这次军训告诉了我，作为一名军人，应该具有坚强、自信、忠诚、胆略和担当的优秀品质；作为一名军人，应该具有崇高的荣誉感和极强的战斗力。如果我们可以把这些优秀的品质，带到以后的生活中，我想，没有什么困难是战胜不了的。

脱下人生第一套帅气的服装，代表我们在军营中的学习结束了，但军训教会我的东西，无论什么时候，我都将铭记于心。在军队里，有一句话叫：放假不放规矩。放假了，并不代表无所顾忌了。我们要以更饱满的热情，去迎接明天的太阳！

（指导老师/吴迪臻）

军训之旅

商务管理学院　彭燕凤

人生就像一趟旅程，旅途中你不知道会遇到什么，但珍贵的是在旅途中你所领略的风景。10 月中旬，夏季开始接近尾声，我们的军训之旅也如期而至。

我们背起行李跟着教官来到了一间大宿舍，映入眼帘的是一间几十人住的集体宿舍，或许我们会不习惯这么多人一起住，但大家住在一起可以互相认识，互相了解，还能增进彼此之间的友谊。

由于自身的坏习惯，导致开始的那几天我们都在受罚中度过。后来被教官罚怕了，我们再也不敢像以前那样吊儿郎当了，而是每时每刻都要打起十二分精神，不管是去食堂还是回宿舍都做到一人跑步，二人成列，三人成纵队，三人以上一人带队。我们开始慢慢地去做好每一件事，开始逐渐融入军训的生活中。

然而不得不说军训的确很苦，对于我们学习的每个动作，教官的要求都很严格，动作都必须做到位。每天我们站在炽热的太阳底下站军姿半个小时，那挺拔的身姿，目视前方坚定的眼神，互相激励和扶持的场景成为记忆中一道道亮丽的风景线。虽然在接下来的几天里酸痛与疲惫充斥着我们的全身，但我们还是咬牙挺住并坚信自己是可以的。凉风轻拂过我们的脸庞，带走炎炎热气。在休息的时间里，训练场上立刻就飘荡着我们的欢声笑语，我们懂得了苦中作乐。

那天下雨了，教官带着我们到凉亭避雨并教我们学唱军歌，用军歌声来驱赶我们的疲惫。因为下午要学习有关军事理论的课程，为了不迟到，我们冒着大雨奔跑到集合地点，但到了指定的地点时我们身上的衣服都淋湿了，我们却并没有叫苦，而是迅速排好队列。那时我们才体会到了军人无论刮风下雨都会有令必行。

在这趟旅程中我学到了团队意识。军训不管个人做得再好，如果没有与团队合作好也是没用的。在练齐步和正步时，没有团队意识是练不好的，根本就不能展现出团队最好的一面。

在军训基地我们养成了早起早睡的习惯，培养了团队意识，学到了坚持、忍耐，结识到了新朋友，还获得了珍贵的友谊。这里所发生所经历的一切，都是我们的一笔财富。

军训过去了，一切都画下了完美的句号，它成了我们珍贵又美好的回忆。现在，我们又回到学校开始了我们新的征程，我相信以后不管遇到什么困难都会战而胜之的，因为在军训的旅程中所获得的一切将会激励着我们向前冲。

（指导老师/马健）

风雨中，我走过

商务管理学院　梁尹柔

看着那边疆上挺拔的躯干，那不是“沙漠的保护神”——胡杨，而是“中国的脊梁”——军人。“大漠孤烟直，长河落日圆”是古代的边塞生活；“归来欲曙雄鸡唱，晓梦依稀又出征”是现代的抗战生活……而我们大学生参与军训是大学生活的必经之路，很庆幸这一路我走过。

在这一路，我学会了很多相处之道。军训中，我们商管学院被分配到五十多人的大宿舍中去住，在那里大家必须要懂得互相谦让和尊重，也只有这样我们才会有一个和谐安静的休息环境。五十多人住在一起，不用想象了，那肯定会又吵又杂的。刚开始的第一天晚上，有的同学仗着是混合的大宿舍，就无视基地的规定，肆无忌惮地玩手机。当教官来查房时，他并没有特意地去把那些玩手机的人揪出来，而是在翌日罚全部商管的学生写检讨。当时很多人的心中都是不满和愤怒，与此同时，教官用一首《团结就是力量》教育了我们：在部队和基地里不可能存在“事不关己就高高挂起”的说法。这不仅惩罚了玩手机的同学，同时也让我们知道了我们是一个整体，那就必须去学会协调，学会包容，学会自觉，更重要的是学会如何好好地相处。从此之后，我就学会了在同学犯错时要规劝，在同学有困难时要伸出援助之手，在自己犯错时要知错就改……

军训虽苦，但同时也收获了不少美好的感悟。要想获得像军人那样强壮的体魄，那么接受烈火般煎熬的训练是必不可少的。虽然对我们没有像对真正的士兵那样严格，但是每天一个小时的军姿时间，枯燥无味却要不耐其烦地坚持训练走齐步和踏正步也是很苦的，当然我们也有苦中作乐的时候。

每天五点多就起床真的是很困，但是我们的一天却在无形中延长了。每天我都会很早就来到训练场上坐着，在那看着太阳在天际间慢慢地出现，慢慢地升高，然后望着满天的彩霞点缀的天空。基地的天空真的很美很美！生活在安逸的大学校园中，我们又能有几回的机会去看日出，去看那满天的彩霞呢？军训给了我这个机会。另外，晚上也要训练，但与白天相比，我们多了不少休息的时间。有时教官会和我们讲他在部队里的故事，或许这是我这辈子都无法体验到的，但这给了我憧憬，给了我想象的空间……

军训中我也收获了自信。在每个人心中都有着讲不出的梦想，有的人走着走着就实现了，有的人走着走着就改变了，有的人走着走着就绝望了……而最后的结果会怎样，这全在于自己的选择。以前的我会在人多的地方胆怯，而在军训中的唱歌、回答、讲话当中都让我知道我也有刚性的一面。有人说，机遇不是创造的，而是把握的。正是因为我的缺少勇气，我错过很多很多。军训也告诉了我一个道理：在这儿没有什么特殊的待遇，每个人都是一样的，都是穿着橄榄绿的军装，都是一名军人，都是要服从命令的……在社会上的我们又何尝不是一样呢？不一样就只是自己给自己设了太多的关卡，为自己的缺乏勇气找到了太多的借口。也正如军训中的“都一样”，我找到了自信。

十四天的军训之旅已经结束了，它也永远地成为我记忆中缤纷的一页了。虽然军训过程是辛苦的，但其中的点点滴滴却在我心中激起了无数的波澜。这一路上我已经笑过，哭过，感动过……那么这一路我没白白走过。

（指导老师/曹小燕）

军训，人生路上的一道彩虹

商务管理学院　林少该

十三天的军训生活让我感触颇多，我也从中学到了许多人生的道理。从军训刚开始，我就对军营生活充满了期待，但同时也充满了恐惧。期待是因为军训可以磨炼自己，恐惧是因为担心生活过于艰苦。但我还是信心满满地来到军训基地。下了车就跟随教官，搬着自己的“三大件”来到宿舍楼，我们要开始过集体生活了，要开始住集体宿舍了，也就意味着我们彼此要分享每一天的生活，每一天的酸甜苦辣。

每天早上，我都早早地起床去洗漱，目的就是避开早晨洗漱的高峰期。每天我都把闹钟调得比别人早，但每次我都会起得比闹钟铃响的时间还早，尽管这样，依旧能在走廊上看见许多走过去的身影，也许他们和我一样都是为了避开高峰期。每天早晨洗漱完，我都在望着窗外来来往往的车辆。天还没亮，许多人就已经开始工作了。等到大家洗漱完毕，我们来到了训练场，又开始了一天的训练生活。每一天，我们都可以欣赏到朝阳升起和夕阳西下的美妙场景，即使再苦再累也值得。

每天晚上在召集完各个方队的人后，我们便提着装满水的水桶往宿舍快步走回去，为的就是能在冲凉房抢到一个冲凉位置。但事与愿违，我们都只能把衣服放在水桶里，站在门外开始漫长的等待。这也是个考验自己耐性的时候，站在门外无所事事，只有沉得住气才能夺取最终的胜利。这不仅是一场耐力赛，而且站在等待冲凉的人群中，向四周望望，可以看尽人生百态；闭上眼睛，耳听八方，只听门外的催促声嘹亮，不绝于耳，我听出了他们内心的焦急，当自己冲完凉并且把衣服洗完挂上衣架的时候，我终于感到可以松一口气了。

一天的训练，让我的身体倍感疲惫。体能训练，虽然让自己的身体有点吃不消，但我还是坚持下来了，因为心中有种不认输的信念，更因为这是在磨炼自己的意志。每一天，火辣辣的太阳炙烤着我们的肉体，全身热血沸腾，汗水在不由自主地做起自由落体运动，而我们却依旧在阳光下站着飒爽的军姿。即使汗水流个不停，即使双脚麻痹到无法忍受，我们依旧挺拔地站立在原点，瘦弱的身影一刻也没有动摇。之后我们学习分列式，教官仔细地教导我们每一个动作要点，即使经历了许多波折，即使曾经让教官失望过，即使我们的士气曾经低落过，但我们还是坚持过来了。最后，我们依旧迈着整齐划一的脚步，举着院旗，士气激昂地走过主席台。曾经我们是一盘散沙，没有集体观念，许多人违反过纪律，而我们也因此接受过处罚。刚开始时我们都很诧异，后来我们才明白这一切都是为了集体，是我们没有进行劝阻才让个别同学犯了错。这样，集体荣誉感深深地烙印在我们的心中。

我喜欢每天开饭前，大家排着整齐的队伍来到饭堂集体用餐的情景，喜欢在那以最快的速度摘下军帽解下腰带的动作，喜欢在那唱着“团结就是力量”的歌声，喜欢在那挺直腰杆静静地等待开饭的号令。在饭堂，我们学会了合作清洁餐桌，学会了一起分享桌上的菜肴。我喜欢每天晚饭过后，和大家一起坐在地上欣赏美丽的月亮挂在群星璀璨的天空，喜欢大家一起分享着自己过去的生活趣事，从中我更加了解他们了。回到宿舍，我们诉说着感慨，写下自己的军训心得。

军训已经结束了，虽然辛苦，但是却给我们留下了许多美好的回忆，这是我们一笔难得的人生财富，将使我们在今后的道路上受益匪浅，所谓“军训一阵子，受益一辈子”。我舍不得这种集体生活，我会怀念我的教官，怀念那些曾经并肩拼搏的战友！

（指导老师/曹小燕）

军训：一次华丽的蜕变

计算机学院　吴文靖

“曾经的日子闪亮又明媚，你我一起分享了青春的滋味；曾经的日子伤感又苦涩，你我一起承受了身心的疲惫……”这几句歌词，写出了我离开军营的真切感受，因为我喜爱这个“绿色的家”，是他教会我要更加严格要求自己，是他教会我要以集体利益为重，是他教会我要严守时间和纪律……

通过时间隧道，我回到了我们开始军训的第一天。那一天，每位同学的脸上都写着不同的表情：激动、迫不及待、伤感、郁闷……也许因为我们都太年轻，也许因为我们对这里太陌生，也许因为我们习惯了安定。我想在那一刻，大部分同学的心声该是“这十几天该怎么度过……”其实，看似十天如一日的军训，每天都在发生着变化。初来时的紧张和不适渐渐消失，训练似乎成了一种习惯，休息的时间里大家都谈笑风生！在不经意间，大家彼此都在熟悉，都在为营造一个良好的团队做贡献！因为我们都同穿绿色的迷彩服，没有学院和专业的限制，我们已经成为一个密不可分的集体。当然，犯错和惩罚也时刻伴随着我们。很多时候我们受罚，往往是因为个别人犯了错，而不是大部分人，集体受罚是一种强烈的警示，这种警示促使我们造就一个集体意识强大的团队！经历了种种训练，我们完成了从最初的散漫到最后的严谨的华丽蜕变！这个过程，我们无法忘记，因为我们同在一起，共同经历！

时间就这样混合着汗水从我们身上淌过。每一分每一秒都是那么的珍贵，时间见证了我们每一个人的努力，只要坚持就能做到平时很难做到的事，这就是精神的力量，精神是因，物质是果！精神的力量能挖掘人体的潜能，只有坚持和自信，才能坚持到最后。用教官的话来说就是“咬咬牙，什么都过去了，在岗一分钟，就要干好六十秒”。在这里，我学会了用坚强的意志去面对一切，坚持和自信常在我心中萦绕，我一定会勇敢面对一切，战胜在成长道路上遇到的任何困难！

人的一生有很多次告别，而每一次告别都伴随着心酸与不舍，这就是成长！脱下迷彩服的那一刻我很不舍，只是我们要迎接更多的挑战。我不会忘记在军训里的点点滴滴 ，因为这一切将要融入我的生活，成为我生命中前进的动力。

（指导老师/张翔）

绿花交响曲

应用外语学院　林晓凤

《周易》有云："天行健，君子以自强不息。"天的运动刚强劲健，相应地，君子处世，也应像天一样，自我力求进步，刚毅坚卓，发愤图强，永不停息。

一训之缘，在这座大山之中，我们邂逅了军中绿花。在不到半个月短短的时间里，我们看到的，听到的，感受到的，正如歌里唱的，"军营是咱温暖的家"。

倘若用一种植物来形容军人，我绝不认为军人只像一棵苍松，但他们却有苍松的坚韧；也绝不只像梅花，但有梅花傲霜斗雪的精神，他们还有着满腔的热血。或许这一切的吃苦耐劳、坚毅不屈，都是在军营这个大熔炉锻造出来的，艰苦的环境成就出坚强的人，"不经一番寒彻骨，怎得梅花扑鼻香"？

刚刚步入大学生活的我们，最重要的第一堂课就是军训。精神的痛苦远远比肉体的痛苦难以承受。军训为的不是折磨我们，而是锻炼新时代大学生的体魄。社会在进步，人类的身心健康却在颓靡。倘若我们连身体的苦都经受不起，何谈对梦想的孜孜以求？大学三年，甚至此后的求学生涯，工作生涯，生活处处都有困难，它总是阻碍我们前进，但只要坚持下来，回过头，才发现它其实只是在考验你。军训生活苦，按点睡，按点起，饭菜没有家里的香，洗澡水忽冷忽热，在夏天炎炎烈日下，在秋冬凛冽的寒风里，我们不能像在家里一样"为所欲为"，教官的命令必须坚决服从，军训的纪律必须严格遵守……可教官的命令是为了什么？军训的纪律又是为了什么？不是要把我们变成和他们一样的铁人，只是为了让我们锻炼强健的体格。有时候站军姿训练要连续站好久，站得脚麻，踏正步踏到腿抬不起来，还要忍受感冒带来的困扰。当时想着好苦，可如今再回首，我们不是也挺过来了吗？与军人相比，我们所受的训练，实在是微不足道了。看过电视剧《我是特种兵》里面特种兵的训练，雨天里他们在泥泞的地上摸爬滚打，每天不分昼夜地训练，在实战演习中还面临着中实弹身亡的危险，但他们不屈不挠，绝不放弃。这也许就是军魂。成功是一个过程，所以只要坚持下来的，就能成功。一日一钱，十日十钱；绳锯木断，水滴石穿。

然而军训不是总是在吃苦，也有很开心的时候，拉歌的时候大家总是格外的积极，男生用低沉的声音狂吼，女生用尖叫伴唱。教官带着我们一起，排、连、营之间互相 PK，以惊涛骇浪之势互相淹没彼此的声音。然而拉歌不仅仅是为了娱乐，更是提高军人士气的一种方式，一支军队只有拥有足够的底气，才有无尽的勇气和震撼人心的霸气。因为在战场上，最可怕的不是敌人，而是自己没有士气，没有坚定的信念。

半个月的军营生活很短暂，当离开的时候，不论当初我们刚来的时候有多么的不情愿，但在分别的那一刻，我们和教官却是百般的不舍。无论我们的生活有多幸福，还永远不觉得满足。而在军营，却有着最简单的快乐，只要训练出色，就可以和战友打打闹闹，还可以休息，这就是军人的快乐，没有钩心斗角的争夺，他们是坦率的，耿直的，令人尊敬的！

“寒风飘飘落叶/军队是一朵绿花/亲爱的战友你不要想家/不要想妈妈/声声我日夜呼/多少句心里话/不要离别时两眼泪花/军营是咱温暖的家……”歌曲回荡在耳边，心里带着深深的触动。尽管不舍，我也明白，只要生命没有完结，就只有前进。我知道，我又要启程了，往更远的未来进发，日后再遇到困难，我会想起军人的气魄，想起当时自己坚持的身影。邂逅军中绿花，邂逅人生美丽的风景，这是一首醉人的交响曲。

（指导老师/吴金蕊）

昨日恍如今朝

数字媒体学院　杨晓玲

十四天军训生活，眨眼之间已悄悄从我们身边溜走了。那些汗流浃背的日子，那些欢声笑语的时光，那些难以忘怀的经历，变成了我们成长过程中无法取代的一抹色彩。

军训的日子，历历在目。那个一开始让人极度想逃离的军训基地，今天却让人如此怀念。昔日的教官们又迎来新一批学员了，现在的他们大概又被自己手下的学员左右了自己的喜怒哀乐，时不时在学员特别的“欢呼声”中继续进行着他们对学员的“体能训练”。乐此不疲的他们是否会偶尔回忆起曾经的我们。一如我们看到即将前往军训基地的第二批学员。我忽然想起十几日前的自己，那些特别的记忆像无声的影片在脑海里静静地播放上映。

今日的军训学员是否像当初的我们一样计算着军训的日子，期盼着结营的日子。在他们的概念里是不是也没有了星期日，只剩下军训的倒计时。还记得当时的我们每天都在重复问彼此同样的问题“今天第几天了”。就这样，军训倒计时在我们赶时间起床、吃饭、训练、洗澡、睡觉之际紧张进行中。我们的军训生活是如此忙碌而又充实。在军训时我们总坚信一句话“时间是挤出来的”。现在的我们虽然结束了军训，但学到的并保留下来给自己的东西还是很多的，所以才会有这么一句话，“潜能总是被人逼出来的”。

“军训一阵子，受益一辈子。”我们在接受体能训练时学会了坚持，在主席台前走分列式时学会了进取，在饭堂门口前唱歌时学会了团结……这些有益的东西将伴随我们的一生，它们将是我们不可或缺的精神财富。军训的日子虽不长，收获的东西却不少。现在我们失去了充实的军训生活，获得的是宝贵的精神食粮。时间过得真的好快，它渐渐模糊了人的记忆。我不能保证自己会一直记得军训时我们唱过的歌、喊过的口号、开过的玩笑，但我不会遗忘记忆中的那份特殊的美好。

短暂的军训已经结束，我们圆满地结营并回到以往的学习生活中。不变得是那种宿舍、教室、食堂三点一线的生活，变的是那个在这种生活状态中的人。

（指导老师/刘礼）